김구, 통일 조국을 소원하다

역사를 바꾼 인물들은 도전과 열정으로 역사를 바꾼 인물들의 일생을 만날 수 있는 시리즈로, 아이들의 마음밭에 내일의 역사를 이끌어 갈 소중한 꿈을 심어 줍니다.

역사를 바꾼 인물들 2

김구, 통일 조국을 소원하다

초판 발행 2014년 9월 10일
지은이 박지숙
그린이 원유미
펴낸이 신형건
펴낸곳 (주)푸른책들
등록 제321-2008-00155호
주소 서울특별시 서초구 양재천로7길 16 푸르니빌딩 (우)137-891
전화 02-581-0334~5 | **팩스** 02-582-0648
이메일 prooni@prooni.com | **홈페이지** www.prooni.com
카페 cafe.naver.com/prbm | **블로그** blog.naver.com/proonibook

ⓒ (주)푸른책들, 2014

ISBN 978-89-6170-389-5 74990

* 잘못된 책은 구입한 곳에서 바꾸어 드립니다.
* 이 책 내용의 일부 또는 전부를 재사용하려면 반드시 저작권자와
(주)푸른책들 양측의 서면 동의를 얻어야 합니다.

이 도서의 국립중앙도서관 출판시도서목록(CIP)은 서지정보유통지원시스템 홈페이지(http://seoji.nl.go.kr)와
국가자료공동목록시스템(http://www.nl.go.kr/kolisnet)에서 이용하실 수 있습니다.
(CIP제어번호 : CIP2014021233)

보물창고는 (주)푸른책들의 유아, 어린이, 청소년 도서 임프린트입니다.

김 구,
통일 조국을 소원하다

박지숙 글 | 원유미 그림

보물창고

■ 글쓴이의 말

나밖에 모르는 세상에 전하는 백범의 큰 뜻

　요즘 크고 작은 사건들로 나라 안팎이 침울합니다. 또한 나만 잘 살면 된다는 이기심 때문에 힘없는 사람들이 희생되고 있습니다. 세상이 갈수록 각박하고 험해지는 이유는 무엇일까요? 백범 김구는 '인류가 현재에 불행한 근본 이유는 인의(仁義)가 부족하고 사랑이 부족하기 때문'이라고 했습니다.
　김구는 평생 조국과 민족을 위해 헌신했습니다. 일제의 손아귀에서 벗어난 뒤에는 완전한 통일 조국을 건설하려고 고군분투했지요. 그러나 안타깝게도 그 뜻을 이루지 못한 채 괴한의 흉탄에 스러졌습니다.
　김구의 삶은 우리에게 큰 교훈과 감동을 안겨 줍니다. 그의 꿈이 조국의 독립과 통일에 그치지 않고 높은 문화를 가진 나라를 만드는 것이었기에 더욱 그러하지요.

"나는 우리나라가 세계에서 가장 아름다운 나라가 되기를 원한다. 가장 부강한 나라가 되기를 원하는 것은 아니다. 오직 한없이 가지고 싶은 것은 높은 문화의 힘이다. 문화의 힘은 우리 자신을 행복하게 하고 나아가서 남에게 행복을 주기 때문이다." (김구, 「나의 소원」 중에서)

정의와 사랑이 넘치는 나라, 세계 속에 우뚝 솟은 문화 국가를 소망했던 백범 김구! 그가 물질 만능 주의에 젖어 자기 욕심만 채우려 발버둥 치는 오늘날 우리들의 모습을 본다면 무슨 말을 할까요? 국가와 민족의 평화를 위해 일생을 바친 그가 그리워지는 요즘입니다.

― 백범의 고귀한 뜻을 헤아려 보며, 박지숙

차 례

마음속에 품은 큰 뜻 • 9

동학 운동의 횃불이 되어 • 17

스승 고능선의 가르침 • 25

나라의 치욕을 씻고자 • 32

감옥 학교의 글 선생 • 38

양반도 깨어라, 상놈도 깨어라 • 47

백범으로 다시 태어나다 • 57

조국의 문지기가 되어 • 65

위기에 처한 임시 정부 • 71

한인 애국단의 핏빛 외침 • 77

꿈에 그리던 광복이여! • 88

나의 소원은 완전한 자주 통일 • 99

글쓴이의 말 • 4
역사인물 돋보기 • 111

마음속에 품은 큰 뜻

"'이놈, 상놈 주제에 갓을 쓰다니! 네가 정녕 볼기를 맞아야 정신을 차리겠구나.' 하고 어디선가 쩌렁쩌렁한 호통 소리가 들렸지. 아, 글쎄, 한 양반 놈이 우리 아저씨한테 역정을 내는 게 아니냐!"

아버지의 말을 듣고 있던 창암도 화가 치밀었다. 마치 자신이 봉변을 당하는 것만 같았다. 하긴 창암이 직접 겪지는 않았으나 친척 할아버지가 당한 일이 아닌가. 결코 남의 일이 아니었다.

얼마 전 딸을 시집보낸 친척 할아버지가 있었다. 할아버지는 사돈을 만나러 가면서 말총갓을 썼다. 갓은 양반만

쓸 수 있었지만 할아버지는 번듯한 차림새를 갖추고 싶었다. 그런데 가는 도중에 그만 양반들을 만나 갓을 빼앗기는 곤욕을 치른 것이다.

'쳇, 갓을 쓴 게 뭐 그리 큰 죄라고.'

창암은 부르르 몸을 떨었다. 양반의 호된 꾸짖음에 쩔쩔매는 할아버지의 모습과 찢긴 채 바닥에 나뒹구는 말총 갓이 눈앞에 어른거렸다.

"빌어먹을 세상! 양반의 횡포가 갈수록 심해지니, 장차 나라 꼴이 어찌 되려는지 모르겠구나."

창암에게 친척 할아버지의 이야기를 들려주던 아버지 역시 울분을 참지 못했다.

'왜 조선에서는 양반과 상민을 차별할까? 왜 양반은 떵떵거리며 살고, 상민은 양반에게 무시당하며 살아야 하는 거지?'

창암은 도무지 이해할 수 없었다. 창암이 사는 황해도 해주 백운방 텃골도 마찬가지였다. 땅이란 땅은 양반들이 전부 차지

하고 상민들은 노비처럼 살고 있지 않는가. 더구나 양반 자제들은 아무리 어려도 상민 어른에게 반말을 했고, 상민 어른들은 양반 아이한테도 꼬박꼬박 존댓말을 썼다. 창암은 비록 열두 살 소년이었지만 양반에게 굽실거리며 살고 싶지는 않았다. 상놈이라는 신분의 굴레에서 벗어나고 싶었다.

"아버지, 어떻게 해야 양반이 될 수 있어요?"

"그야 과거에 붙어 벼슬길에 나가면 되지."

그 순간 창암은 두 주먹을 불끈 쥐며 과거 공부를 하기로 결심했다. 이 아이가 바로 훗날 대한민국 임시 정부를 이끈 김구다.

김구의 어릴 적 이름은 '창암'이었다. 창암은 못 말리는 동네 개구쟁이였다. 그는 아버지의 멀쩡한 숟가락을 분질러 엿으로 바꿔 먹고, 엽전 꾸러미를 허리에 둘러차고 떡을 사 먹으러 가던 철부지였다. 그러나 창암은 글공부에 매달리면서 몰라보게 달라졌다. 몸가짐도 의젓해졌고 한번 마음먹으면 끝까지 해내는 심지 깊은 아이가 되었다.

창암의 가슴은 과거 급제라는 꿈으로 가득 찼다. 과거 급제는 분명 창암을 새로운 세상으로 들어서게 할 터였다. 오직 그 길만이 양반들의 횡포에서 벗어나 가족들을 사람답게 살도록 해 줄 돌파구였다. 부모님은 어느새 의젓하게 자란 창암을 보며 흐뭇해했다.

"여보, 우리 창암이가 제법이지요?"

"그러게 말이오. 창암이는 틀림없이 큰일을 할 것이오."

부모님은 가난한 살림살이에도 창암을 뒷바라지하는 데에 힘썼다. 당시 서당은 양반 아이들만 다녔다. 간혹 상민 아이들도 함께 공부했지만 양반 아이들에게 괄시당하기 일쑤였다.

창암의 아버지는 창암과 친구들이 마음껏 공부할 수 있도록 상민 아이들을 위한 서당을 열어 주었다. 창암은 그런 부모님의 뜻을 헤아려 한시도 한눈팔지 않고 글공부에 전념했다.

하지만 얼마 뒤, 아버지가 갑작스레 병을 얻었다. 집안은 점점 가난의 구렁텅이로 빠져들었다. 창암은 서당에 다니기는커녕 종이와 붓을 살 돈조차 없었고 때로는 친척 집에 맡겨지기도 했다. 그래도 창암은 마음을 다독이며 묵묵히 자신의 길을 걸었다.

'난 할 수 있어. 끝까지 포기하지 않을 거야.'

창암은 남에게 책을 빌려 읽으면서도 글공부를 멈추지 않았다.

열일곱 살이 되던 해, 창암은 마침내 과거 시험을 보게 되었다. 시험장인 해주 관아로 선비들이 구름처럼 몰려들었다.

'꼭 과거에 급제하여 부모님을 기쁘게 해 드려야지!'

창암은 두방망이질 치는 가슴을 가라앉히며 시험장에 들어섰다. 그런데 과거는 창암이 생각했던 것과 딴판이었다. 시험장은 시장 바닥처럼 소란스러웠고 남의 글을 베끼는 사람, 시험을 대신 치러 주는 사람, 답안지를 몰래 바꾸는 사람들로 어수선했다. 당황한 창암이 멍하니 서 있을 때 선비들이 수군거리는 소리가 들렸다.

"자네, 소문 들었나? 어떤 양반이 시험 감독관에게 돈을 갖다 바쳤다더군."

"그뿐인 줄 아나? 벼슬을 얻으려면 한양에 있는 세력가들에게 부탁하는 게 빠르대. 과거에 붙을 사람은 이미 정해졌다던걸."

무심코 그 소리를 듣던 창암은 머릿속이 하얘졌다.

'과거에 붙을 사람이 정해져 있다고? 그럼 지난 세월 모질게 공부한 게 다 헛수고란 말인가?'

창암은 절망스러웠다. 오직 과거에 희망을 걸고 공부했는데 모두 쓸데없는 짓이 되고 만 것이다. 창암은 그 자리에 우뚝 선 채 고개를 떨어뜨렸다.

집으로 돌아온 창암이 부모님께 말했다.

"아버지, 벼슬자리를 사고파는 과거 따위는 더 이상 보지 않겠습니다."

부모님은 실망하지 않고 창암의 선택을 지지해 주었다.

"알겠다, 창암아. 네 뜻대로 하려무나."

창암은 그런 부모님이 더없이 고마웠다. 창암은 친척 아이들을 가르치며 새로운 길을 찾으려 애썼다. 하지만 여전히 무엇을 해야 할지, 어떻게 살아야 옳은 길인지 갈피를 잡을 수 없었다. 그러던 어느 날이었다. 창암은 책을 읽다가 멈칫했다.

얼굴 좋은 것은 몸 좋은 것만 못하고, 몸 좋은 것은 마음 좋은 것만 못하다.

그 순간, 창암은 눈이 번쩍 뜨였다. 그제야 창암의 얼굴에 웃음이 번졌다.
'맞아! 얼굴 좋은 사람이나 몸 좋은 사람, 또는 양반이나 부자보다 더 훌륭한 사람은 마음이 바른 사람이지. 그래, 마음 좋은 사람이 되자! 이제부터는 마음을 닦는 데 힘쓸 거야.'
어느새 창암의 가슴속에 작은 등불 하나가 켜졌다.

동학 운동의 횃불이 되어

　그즈음 조선은 몹시 어수선했다. 서양인들이 배를 몰고 와 통상을 요구했고, 창암이 태어난 1876년에는 일본과 강제로 강화도 조약을 맺었다. 그로 인해 조선은 준비되지 않은 상태로 문호를 개방하게 되었는데 이는 이후 일본이 조선을 침략하는 발판이 되었다. 엎친 데 덮친 격으로 온 나라에 흉년이 들었다. 수많은 백성들이 굶주리는데도 양반과 벼슬아치들의 횡포가 그치지 않자 여기저기서 울분과 불만이 터지기 시작했다.

　어느 날, 창암은 이상한 소문을 들었다. 이웃 마을에 '동학'이라는 것을 공부하는 사람이 있는데 그는 공중을 걸어

다니기도 하고 축지법도 쓴다는 것이었다. 창암은 호기심이 생겨 그의 집을 찾아갔다.

"도령은 어디서 오셨습니까?"

창암이 들어서자 양반 차림의 젊은 선비가 깍듯이 맞이했다.

창암은 깜짝 놀랐다. 양반이 상민에게 존댓말을 쓰다니, 있을 수 없는 일이었다.

"저는 텃골에 사는 상민 김창암입니다. 나리께서 제게 존대하시는 것은 당치않습니다."

창암이 당황해하자 젊은 선비가 말을 이었다.

"우리 동학은 신분으로 사람을 차별하지 않습니다. 양반이든 상민이든 여자든 남자든 모두 다 귀하고 평등한 존재니까요."

동학은 '사람이 곧 하늘'이라는 믿음 아래 모든 인간이 평등하다고 주장하는 종교였다. 그래서 동학을 믿는 사람들은 신분 차별이 없는 평등한 세상을 만들고자 했다.

'양반과 상민을 차별하지 않는다고? 모든 사람이 평등하단 말이지?'

상민 신분에 한이 맺혔던 창암은 마치 다른 세상에 온 것 같았다. '마음 좋은 사람'이 되기로 결심했는데 비로소 그 길을 찾은 듯했다.

'그래, 양반이든 상민이든 부유하든 가난하든 모두 다 평등한 세상! 그런 세상을 만드는 데 힘을 보태자.'

창암은 그날로 동학에 입문했다. 그리고 새로 태어난다는 뜻에서 이름을 '창수'로 바꾸었다. 그의 나이 열여덟 살 때였다.

"여러분, 나쁜 짓을 하지 말고 착하게 사십시오. 자신의 잘못을 뉘우치고 새사람이 되십시오. 그리하여 우리 모두 평등하게 사는 세상을 만듭시다."

김창수는 동학을 열심히 공부하고 많은 사람들에게 전했다. 그러자 얼마 안 있어 수천 명의 신도가 김구를 따르기 시작했다. 어느덧 김창수는 동학의 지방 조직 책임자인 접주가 되어 있었다. 갓 열아홉의 어린 나이에 접주가 되자, 사람들은 '아기 접주'라는 별명까지 붙여 주며 그를 따랐다.

이 무렵 일본을 필두로 한 외세의 조선 침략과 양반들

의 횡포가 극에 달했다. 마침내 참다못한 농민들과 동학도들이 떨쳐 일어났다. 이 땅에서 외세와 못된 벼슬아치들을 몰아내고, 평화롭고 평등한 나라를 만들기 위해 '동학 농민 운동'을 일으킨 것이다.

1894년 9월, 김창수도 동학군을 모아 군사를 일으켰다. 목표는 해주성이었다.

"왜놈들을 물리치고 서양인을 몰아내자!"

"나쁜 벼슬아치들을 처단하자!"

선봉장이 된 김창수는 '척양척왜(*서양과 일본 세력을 배척하다.)'가 적힌 깃발을 나부끼며 말을 달렸다.

김창수와 그의 부대가 막 해주성을 공격할 때였다. 탕,

탕, 탕! 해주성에 있던 일본군들이 총을 쏘기 시작했다. 그런데 이게 웬일인가. 이제껏 기세 좋게 전진하던 동학군들이 허겁지겁 달아나기 바빴다.

"도망치지 마라! 해주성을 공격하라!"

김창수가 큰 소리로 명령했다. 그러나 겁에 질린 동학군들을 세울 수는 없었다. 제대로 된 훈련은커녕 전쟁 경험도 없는 동학군들은 총소리에 놀라 줄행랑을 쳤다. 김창수 부대는 총 한 번 제대로 쏴 보지도 못한 채 후퇴하고 말았다. 쓰디쓴 패배였다.

'분하다! 겨우 왜놈들의 총 몇 발에 패하다니……'

김창수는 흩어진 동학군을 다시 모은 뒤 군사 훈련에 힘썼다. 총소리 한 방에 나자빠지는 겁쟁이들로는 큰 뜻을 이룰 수 없었다. 김창수는 군율을 엄격히 세우고 백성들에게 피해를 입히는 자에게는 무거운 벌을 내렸다.

그런데 뜻하지 않은 문제가 생겼다. 같은 동학군인 이동엽 부대 때문이었다. 그의 부하들은 제멋대로 인근 마을에 들어가 주민들의 돈과 곡식을 빼앗고 행패를 부리곤 했다. 그 모습을 본 김창수가 이동엽 부대를 엄히 벌하자,

이동엽과 그의 부하들은 김창수에게 앙심을 품었다.

하루는 김창수가 홍역으로 끙끙 앓고 있는데 난데없이 이동엽 부대가 쳐들어와 김창수의 부하들을 무자비하게 쓰러뜨렸다.

"이놈들! 같은 동학군을 죽이다니, 제정신이냐? 당장 멈추어라!"

김창수가 외쳤으나 이동엽의 부하들은 아랑곳하지 않고 분풀이를 해 댔다. 삽시간에 김창수 부대는 무너졌고 김창수도 그들에게 붙잡혔다. 그러나 이동엽은 김창수를 손끝 하나 건드릴 수 없었다. 김창수는 동학의 대교주인 최시형이 임명한 정통 접주였으므로, 그를 해쳤다가는 큰 벌을 면치 못할 것이 뻔했기 때문이다. 그들은 김창수만 덜렁 남겨 두고 그 자리를 떠났다.

'아, 제 욕심만 채우려는 자들이 왜 끊이지 않는가?'

김창수는 눈밭에 나뒹구는 부하들의 시체를 끌어안고 엉엉 울었다. 하늘도 그의 슬픔을 알았을까. 함박눈이 펑펑 쏟아졌다.

이동엽 부대가 같은 편을 친 것은 미련한 짓이었다. 그 뒤 이동엽 부대는 홀로 일본군과 관군에 맞서다가 결국 모두 붙잡혀 사형을 당했다. 이것으로 황해도 동학군은 전멸하다시피 했다. 고통받는 백성들을 구하고 외세에 대항하여 동학 운동의 횃불이 되고자 했던 김창수의 꿈도 맥없이 스러졌다.

스승 고능선의 가르침

 눈발이 어지러이 흩날렸다. 김창수는 터벅터벅 황해도 신천군 청계동으로 발길을 돌렸다. 바람처럼 떠도는 도망자 신세가 되어 안태훈을 찾아가는 길이었다.

 '그가 과연 약속을 지킬까? 안태훈을 찾아가는 것은 호랑이 굴에 들어가는 것이나 다름없는데 그를 믿어도 될까?'

 김창수는 푹푹 빠지는 눈길을 걸으며 불안감에 휩싸였다. 안태훈은 조정에서도 신임하는 학식이 깊은 선비였다. 동학군이 군사를 일으키자 그는 포수들을 모아 동학군을 진압했다. 그러니 동학군인 김창수와 동학군을 토벌

하는 안태훈은 서로 적인 셈이었다. 그러나 안태훈은 나이 어린 김창수를 아꼈다. 한 번도 만난 적은 없었지만 소문으로 김창수의 됨됨이를 익히 들어 알고 있었던 것이다. 지난날 비밀스레 연락을 주고받은 안태훈과 김창수는 '서로 싸우지 않고 어려울 때 돕는다.'라는 약속을 맺었다.

"김 접주, 어서 오게! 그대의 생사를 몰라 걱정하고 있었다네."

김창수가 남루한 모습으로 나타났지만 안태훈은 반가이 맞아 주었다. 그는 과연 인격 높은 선비였다. 안태훈은 김창수와의 비밀 약속을 굳게 지켰고 그의 생활도 돌봐 주었다.

'안 진사 덕분에 내 목숨은 안전해졌어. 하지만 왜 이리 답답할까? 내 앞날은 또다시 어둠에 파묻히는 것 같아…….'

김창수가 하릴없이 지낼 때였다. 어느 날 그는 안태훈의 사랑방에서 유학자 고능선을 만났다. 고능선은 큰 벼슬을 한 적은 없지만 글과 지혜가 뛰어난 학자였다.

"이보게, 창수. 우리 말벗이 되어 세상일을 이야기해 볼

까?"

어느 날 고능선이 창수에게 넌지시 물었다.

"좋습니다, 선생님! 선생님께서 부족한 저를 이끌어 주십시오."

마음 둘 곳 없던 창수는 무척 기뻤다. 창수는 자신의 지난 일들을 들려준 뒤 고 선생에게 물었다.

"선생님, 저는 지금껏 실패만 겪었습니다. 어떻게 해야 올바르게 살 수 있을까요?"

"실패는 성공의 어머니요, 고민은 즐거움의 뿌리라지 않던가. 자네가 마음 좋은 사람이 되고자 한다면 어떤 어려움이 있더라도 그 마음 변치 말고 끊임없이 정진하게. 그러면 반드시 꿈을 이룰 걸세."

두 사람은 금세 마음이 잘 맞는 스승과 제자가 되었다. 창수는 자신의 마음을 솔직하게 털어놓았고, 고 선생은 따스한 가르침으로 제자의 앞날을 밝혀 주었다. 고 선생은 마치 망망대해를 떠도는 배에 밝은 빛줄기를 비춰 주는 등대 같았다. 그는 창수에게 쉼 없이 옛 성현들의 이야기를 들려주고 유학의 의리에 대해 가르쳤다.

"이보게, 아무리 뛰어난 재주와 능력을 가진 사람이라도 의로움이 없으면 안 되네. 그러니 무엇을 하든 의로운 일인지 아닌지 잘 살펴보고 실행하게."

그리고 고 선생은 결단력이 부족한 창수의 심지를 지적하며 글귀 하나를 적어 주었다.

가지를 잡고 나무에 오르는 것은 대단한 일이 아니다. 벼랑에 매달렸어도 잡은 손을 놓을 줄 알아야 대장부이니라.

이것은 진정한 용기에 대한 글로, 의로운 일을 위해서는 목숨을 아끼지 말라는 뜻이 담겨 있었다. 창수는 고 선생의 가르침을 가슴 깊이 새겼다. 하루는 두 사람이 밤늦도록 이야기를 나눌 때였다. 고 선생이 한숨을 내쉬며 말했다.

"이보게, 창수. 우리나라는 안타깝게도 왜놈들 손에 망할 것 같네."

그 순간, 창수의 눈에서 주르륵 눈물이 흘렀다. 동학 운동의 불길이 일본군에 의해 꺾였던 기억이 떠올라 가슴에서 울분이 솟구쳤다.

"선생님, 어떻게 해야 나라를 구할 수 있습니까?"

"청나라와 손을 잡는 것이지. 청일 전쟁에서 패한 청나라는 언젠가 일본에게 복수할 걸세. 그러니 우리도 준비하고 있다가 청나라와 힘을 합치면 되네. 창수, 자네가 그 일을 해 보지 않겠나?"

고 선생의 말에 창수는 깜짝 놀랐다.

"선생님, 저같이 못난 사람이 무슨 일을 하겠습니까?"

"나약하게 굴지 말게. 옳다고 믿는 일이면 실천해야지! 그러다 보면 뜻이 맞는 사람이 모일 것이고, 사람이 모이면 무릇 큰일을 도모할 수 있는 법일세. 진정한 대장부라면 나라를 구하는 데 힘써야 하네."

고 선생의 눈이 빛났다.

'그래, 진정한 사내대장부의 길을 가자. 그것이 내가 할 일이야.'

창수는 스승의 올곧은 뜻을 따르기로 마음먹었다.

1895년 5월, 김창수는 쓰러져 가는 나라를 구하겠다는 큰 뜻을 품고 청나라로 떠났다. 창수는 몇 달 동안 청나라를 두루 살피고 다녔다. 그때 고국에서 청천벽력 같은 소식이 들려왔다.

"우리 국모인 명성 황후가 왜놈들에게 살해당했대."

"아니, 어찌 그런 끔찍한 일이……!"

"일본이 우리나라를 집어삼키려고 하자, 국모께서 다른 나라의 힘을 빌려 일본을 몰아내려고 했대. 그러니 일본이 우리 국모를 눈엣가시처럼 여길 수밖에. 새벽에 궁궐로 쳐들어가 칼을 휘둘렀다는구먼. 지금 분노한 백성들이 여기저기서 의병을 일으키고 있다네!"

국모가 죽임을 당하다니, 이것은 온 백성의 치욕이었다. 때마침 만주에서도 의병을 모집하고 있었다. 김창수는 의병 부대에 득달같이 지원했다.

1895년 어느 겨울밤, 김창수가 몸담은 김이언 의병 부대는 얼어붙은 압록강을 건넜다. 일본군이 주둔한 평안북도 강계성을 공격하기 위해서였다. 의병들이 살금살금 성 아래로 다가갈 때였다. 번쩍하고 불빛이 터지더니 솔숲에서 총탄이 빗발처럼 쏟아졌다. 미리 정보를 입수한 관군과 일본군이 선제공격을 한 것이다.

"퇴각하라! 퇴각하라!"

의병장 김이언이 다급하게 외쳤다. 그러나 의병들은 총에 맞아 고꾸라져, 빙판 위에 쓰러진 말 떼와 뒤엉켰다. 고요했던 산골짝은 고통스러운 신음 소리로 가득 찼다. 김창수는 아비규환의 전장에서 가까스로 살아 나왔다.

'청계동으로 돌아가 기회를 엿보자!'

김창수는 싸늘한 주검이 된 동지들을 뒤로하고 황해도로 향했다.

나라의 치욕을 씻고자

날이 갈수록 조선의 운명은 한 치 앞을 헤아리기 어려워졌다. 일본은 김홍집을 필두로 한 친일 내각파를 앞세워 전국에 단발령을 내렸다. 단발령은 상투를 자르고 머리카락을 짧게 깎으라는 명령이었다. 부모에게 물려받은 신체를 목숨처럼 소중히 여기는 조선 백성들에게 머리카락을 함부로 자른다는 것은 크나큰 불효였다. 단발령이 내려지자마자 전국에서 의병이 일어났다.

청계동에서 스승 고능선과 앞날을 논의하던 김창수는 다시 청나라로 향했다. 청나라 사람들과 힘을 모아 의병을 일으킬 생각이었다. 그런데 그가 평안남도 안주에 닿았을

때 단발령이 돌연 중지되었다. 또 신변의 위협을 느낀 고종이 일본 세력을 피해 러시아 공사관으로 몸을 피하는 사건도 일어났다.

'나라 사정이 급박하게 돌아가는구나. 여기서 때를 기다리는 게 낫겠는걸.'

김창수는 조국에 머물며 나라 사정을 지켜보기로 마음먹고 발길을 돌렸다. 며칠 뒤, 김창수는 황해도 치하포의 한 주막에 닿았다. 자리를 잡고 목을 축이는데 맞은편에 수상한 사내가 눈에 띄었다. 사내는 한복을 입고 서울말을 썼지만 그 말씨나 태도가 일본 사람 같았다. 게다가 그의 흰 두루마기 밑으로 칼자루가 보이는 게 아닌가. 김창수의 머릿속에 국모 살해 사건이 퍼뜩 떠올랐다.

'저자는 왜 조선 사람처럼 행세하지? 혹시 우리 국모를 죽인 범인일까? 아닐지도 몰라. 하지만 저렇게 칼을 숨기고 다니는 걸 보니, 저놈은 언제라도 조선에 해를 끼칠 게 분명해. 그러니 저놈 한 명이라도 죽여 나라의 치욕을 씻자.'

창수는 천천히 몸을 일으켰다. 그런데 막상 행동으로

옮기려니 두려움이 몰려왔다.

그때 스승 고능선이 가르쳐 준 글귀가 떠올랐다.

'가지를 잡고 나무에 오르는 것은 대단한 일이 아니다. 벼랑에 매달렸어도 잡은 손을 놓을 줄 알아야 대장부이니라.'

그것은 고 선생이 결단력이 없는 김창수를 걱정하며 깨우쳐 주던 글귀였다.

'나는 마음 좋은 사람이 되기를 원했어. 그러니 죽음을 두려워하지 말자. 어떤 일을 하기 전에 성공과 실패를 따지며 망설이는 것은 남들에게 이름만 빛내려는 행동일 뿐이야.'

불끈 용기가 솟자 더 이상 망설일 필요가 없었다. 김창수는 "이놈!" 하고 외치며 번개처럼 빠르게 사내를 걷어찼다. 사내는 단번에 마당으로 굴러떨어졌다.

"으악, 대체 왜 이러느냐?"

"이놈, 네가 정녕 몰라서 묻느냐? 너는 왜놈이 분명하렷다! 우리 조선에 또 무슨 해코지를 하려고 칼을 숨기고 다니느냐?"

김창수가 다그치자 사내가 칼을 빼 들었다. 겨울 새벽빛에 시퍼런 칼날이 번뜩였다. 한순간이라도 방심하면 김창수의 목이 달아날 판이었다.

"저 사람이 왜놈이라고? 칼을 숨기고 다녔단 말이지?"

주막에 머물던 손님들이 놀라 수군거렸다.

"모두 멀찍이 물러나시오. 이 왜놈을 돕는 자는 내가 용서치 않겠소!"

김창수가 고함쳤다.

그때 사내가 김창수의 얼굴을 향해 칼을 내리쳤다. 김창수는 잽싸게 피하며 사내의 칼을 빼앗은 뒤 옆구리를 찔렀다. 사내가 고통에 찬 비명을 지르며 쓰러졌다.

"주인장, 이자의 짐과 지필묵을 가져오시오."

창수는 가쁜 숨을 몰아쉬며 주막 주인을 불렀다.

조금 뒤 주막 주인이 가져온 사내의 짐을 풀어 보니, 사내는 역시 '쓰치다'라는 일본인이었다. 김창수는 붓을 들어 또박또박 포고문을 써 내려갔다.

국모의 원수를 갚기 위해 왜놈 한 명을 죽였노라.
　　　　　　　　－해주 텃골에 사는 김창수

 창수는 포고문 끝자락에 이름과 주소까지 당당하게 밝히고 붓을 내려놓았다. 그리고 주막 주인에게 포고문을 큰 길가에 붙여 달라고 이른 뒤 그곳을 떠났다.
 '왜놈을 죽였으니 관군이 날 잡으러 오겠지. 하지만 나는 나라의 치욕을 씻기 위해 떳떳한 일을 했을 뿐이야. 그러니 절대로 숨지 않을 거야.'
 김창수는 어떤 고난도 두렵지 않았다. 그것이 백성들에게 좋은 본보기가 된다면 오히려 영광이었고, 그것이 진정한 대장부의 길이라면 목숨도 아깝지 않았다.

감옥 학교의 글 선생

 석 달 뒤, 순사들이 집으로 들이닥쳤다. 창수는 쇠사슬에 묶인 채 감옥으로 끌려갔다. 감옥에서의 생활은 끔찍했다. 살이 터지고 다리뼈가 허옇게 드러나도록 고문을 당했다. 그럴 때마다 몇 번씩이나 까무러쳤다. 또 장티푸스에 걸려 고열과 설사에 시달리느라 보름 동안 음식 한 점 입에 대지 못 했다. 1896년 8월, 창수는 인천 개항장 재판소에서 첫 심문을 받았다.
 "네가 안악 치하포에서 일본인을 죽인 김창수냐?"
 경무관의 물음에 창수는 거침없이 대답했다.
 "그렇소. 우리 국모께서 살해당했는데도 벼슬하는 관리

들은 누구 하나 일본에 맞서지 않더이다. 그래서 내가 직접 원수를 갚으려 한 것이오."

"뭐라? 국모의 원수를 갚으려 했다고?"

순식간에 법정 안은 고요해졌다. 심문하던 관리들도, 재판을 지켜보던 사람들도 입을 딱 벌리고 서로 바라보기만 했다. 그들은 김창수를 남의 물건이나 빼앗고 다른 사람의 목숨이나 앗아 가는 강도로 여겼던 것이다. 그때 법정 안에 있던 일본인 순사가 이상한 낌새를 눈치채고 두리번거렸다. 창수는 그에게 큰소리로 호통을 쳤다.

"이놈, 너희는 어찌하여 우리 국모를 죽였느냐? 두고 봐라! 내가 만약 죽게 되면 귀신이 되어서라도 너희 왕을 없애리라."

김창수의 당찬 기세에 눌린 일본인 순사는 욕을 해 대며 도망치듯 법정을 빠져나갔다.

"감옥 안에 국모의 원수를 갚은 호랑이 장수가 갇혀 있대."

"관리들도, 일본 순사도 쩔쩔맸다던걸."

김창수에 대한 소문이 빠르게 퍼져 나갔다. 김창수의

의기 있는 행동에 감격한 사람들이 줄지어 감옥으로 찾아왔다.

"창수, 목숨을 걸고 명성 황후의 원수를 갚았으니 참으로 장하오."

"꼭 살아 나오시구려. 나라를 위해 큰일을 해야 하잖소?"

사람들은 김창수를 위로하고 정성껏 준비해 온 음식을 넣어 주었다. 창수는 그들의 격려에 힘을 얻으며 감옥에서의 고통을 이겨 나갔다.

당시 개항장이었던 인천은 세계 여러 나라에서 온 외국인이 많아 신문화를 접하기가 쉬웠다. 하루는 감리서(*대한 제국 때 개항장과 개시장의 행정 및 통상 사무를 맡아보던 관아.)의 젊은 관리가 신서적을 넣어 주며 말했다.

"창수, 우리 것만 지키려는 낡은 생각으로는 나라를 구할 수 없소. 외국의 문물을 무턱대고 배척하면 나라가 망하는 것을 막을 수 없단 말이오. 세계 여러 나라의 문화와 문명을 살피고 좋은 것이 있으면 우리 것으로 삼아야 하오. 그래야 이 나라를 발전시키고 백성들을 이롭게 할 수 있소. 또한 그것이 이 시대의 진정한 영웅인 그대가 해야 할 일이오."

김창수는 『세계역사』, 『태서신사』, 『세계지지』 같은 책들을 읽으며 신학문을 익히게 되었다. 그 책들은 서양의 아름다운 풍속과 눈부시게 발전한 문물을 소개하고 있었다.

'서양 사람은 모두 야만인이라고 생각했는데 그렇지 않구나. 그래, 이제부터 세계 여러 나라의 문화와 제도를 배우자. 그러면 우리 백성들이 잘 살 수 있는 길을 찾을 수 있을 거야.'

김창수는 무엇보다 교육의 중요성을 절실히 느꼈다. 조선 백성들뿐만 아니라 감옥에 있는 죄수들은 대부분 글을 몰랐다. 그들은 제 몸 하나 편하고 제 배만 부르면 최고라고 생각했다. 의롭게 살려는 의지도 없었고 부당한 대접을 받는 것도 그저 운명 탓으로 돌렸다. 민족을 살리고 나라를 구하는 일은 높은 벼슬아치들의 몫이라고 생각했다.

'무지한 백성을 그대로 두면 결코 이 나라의 수치를 씻을 수 없고 다른 나라와 동등하게 겨룰 수 없어. 그래, 그들을 가르치자. 가장 어두운 곳, 가장 낮은 곳에서부터 시

작하자.'

 창수는 감옥에서 죄수들에게 글을 가르치는 선생이 되었다.

 "우리가 잘 살려면 글을 알아야 하네. 나와 함께 글을 배워 낡은 생각을 깨뜨리고 새롭게 살아가세."

 창수는 언제 사형을 당할지 모르는 몸이었으나 마지막 순간까지 보람차게 살고 싶었다. 그의 앞날은 어둠 속에 잠긴 듯했지만 '마음 좋은 사람'이 되리라는 길라잡이 등불을 밝게 켜고 희망의 끈을 놓지 않았다.

 창수의 감옥 교실은 금방 북적거렸다. 사실 죄수들은 글을 배울 마음이 없었다. 그저 창수를 면회 온 사람들이 넣어 주는 진수성찬에 관심이 있을 뿐이었다. 그래도 창수는 개의치 않았다. 죄수들에게 성심껏 글을 가르치고 애국정신을 일깨웠다. 또 어려운 일을 당한 죄수들이 있으면 서류를 대신 써 주었고 그들과 어울려 노래도 불렀다. 창수의 진심이 통했을까. 얼마 뒤 감옥 교실은 죄수들이 흥겹게 글을 읽는 소리와 희망찬 노랫가락으로 출렁였다.

 한편 감옥 밖에서는 어머니가 남의집살이하며 창수를

옥바라지했다. 아버지는 사람들과 함께 창수를 감옥에서 빼내려고 애썼다. 그중 강화도 사람 김주경은 자기 재산까지 팔아 가며 구명 운동을 펼쳤다. 그러나 수많은 이들의 노력에도 불구하고 김창수는 끝내 사형 선고를 면할 수 없었다. 그 소식이 신문에 실리자 동포들이 감옥으로 몰려와 눈물을 흘렸다.

"창수, 마지막으로 보러 왔소."

"아이고, 무사히 석방될 줄 알았더니 이게 웬일이오?"

김창수는 도리어 그 사람들을 위로하고 돌려보냈다.

마침내 사형 집행일이 다가왔다. 감옥을 지키는 간수와 다른 죄수들은 마치 자기들이 죽으러 가는 것처럼 슬퍼했다. 그러나 창수는 목숨이 끊어지는 순간까지 태연하리라 마음먹었다. 어둠이 짙어질 무렵, 바깥이 떠들썩하더니 사람들의 발소리가 점점 다가왔다.

'드디어 때가 되었구나.'

김창수는 두 눈을 감고 조용히 기다렸다. 그런데 갑자기 간수가 감옥 안이 쩌렁쩌렁 울리도록 외치는 게 아닌가.

"김창수, 김창수! 이제 살았소! 폐하께서 그대를 살리라고 명하셨소!"

"정말이오? 사형이 중지되었소?"

동료 죄수들이 용수철처럼 튀어 일어나 감방 창살에 얼굴을 들이밀었다. 모두가 진심으로 환호하고 기뻐했다. 창수는 천천히 두 눈을 떴다. 등줄기가 써늘하고 식은땀이 흘렀다. 맥이 탁 풀렸다.

그 뒤 김창수는 계속 옥살이를 하면서 신학문을 공부했다. 그를 석방하라는 고종 황제의 명이 있었지만 일본의 입김으로 오랫동안 풀려나지 못한 것이다. 시간은 쉼 없이 흘렀다. 1년, 2년이 지났지만 감옥에서 풀려날 길은 보이지 않았다.

어느 날, 김창수를 석방시키기 위해 힘쓰던 김주경이 편지 한 통을 보내왔다.

새장을 벗어나야 좋은 새이며 그물을 떨치고 나가야 큰 물고기가 되리. 나라에 충성하는 것도 부모를 향한 효에서 시작되니, 그대여! 자식을 기다리는 어머니를 생각하소서.

그것은 탈옥을 권하는 시였다.

'내가 새장 속의 새처럼 감옥에 갇혀 있다가 죽는 게 옳을까? 동포들도 나를 살리려고 애쓰고 황제께서도 나를 죽이지 말라고 명하셨다. 나를 가두고 죽이려 애쓰는 자들은 오직 왜놈들뿐이다. 그러니 내가 감옥에서 죽는 것은 왜놈들에게 기쁨을 주는 것이다. 그래, 벗어나자. 새처럼 훨훨 날아 자유를 찾자.'

김창수는 마침내 탈옥을 결심했다.

양반도 깨어라, 상놈도 깨어라

 1898년 3월, 봄 안개가 자욱한 밤이었다. 김창수는 감옥에서 탈출하는 데 성공했다. 수감된 지 2년 만에 바깥세상으로 나온 것이다. 그러나 탈옥한 죄수의 신분으로 고향에 돌아갈 순 없었다. 그때부터 창수는 일본 경찰들의 눈을 피해 남쪽 지방을 떠돌았다. 거지처럼 밥을 얻어먹고, 빈집에서 짚단을 깔고 자면서 반년 동안 정처 없이 떠다녔다.

 '세상 모든 일을 잊고 마음을 닦고 싶구나!'

 늦가을 붉은 감이 익을 무렵 창수는 충청도 공주의 마곡사로 들어가 중이 되었다. 산속은 탈옥수인 창수가 숨어

지내기에 알맞을 뿐더러, 지친 몸과 마음을 추스를 수 있는 안전한 곳이었다.

창수는 낮에는 허드렛일을 하고 밤에는 불경을 공부했다. 그런데 시간이 흐를수록 자꾸 세상일이 궁금해졌다. 인천 감옥에서 탈출한 뒤 한 번도 뵙지 못한 부모님도 사무치게 그리웠다. 중으로서의 삶은 자신이 진정으로 가야 할 길이 아닌 듯싶었다. 창수는 승복을 벗고 고향으로 돌아갔다.

"애야, 네가 무사했구나! 우리 다시는 헤어지지 말자꾸나."

오랜만에 만난 세 식구는 서로 부둥켜안고 눈물을 흘렸다. 창수가 탈옥한 뒤, 부모님은 창수 대신 감옥에 갇혔다고 했다. 어머니는 곧바로 풀려났지만 아버지는 1년 뒤에야 풀려날 수 있었다. 갖은 고생으로 수척해진 부모님의 모습에 창수는 억장이 무너지는 것 같았다.

'나를 구하려고 힘쓰던 김주경은 어찌 되었을까?'

며칠 뒤, 창수는 김주경을 만나러 강화도에 갔다. 그런데 그 어디에서도 김주경의 행방을 찾을 수 없었다. 그는 전 재산을 잃은 뒤 강화를 떠났다고 했다. 다행히 창수는 김주경의 동생과 유완무를 만났다. 유완무도 창수를 탈옥시키기 위해 애쓴 사람이었는데 그는 뜻이 맞는 동지들과 함께 나라에 필요한 인재들을 키우고 있었다. 창수는 그들과 나랏일을 같이 하기로 했다.

동지들과 교육 운동과 사회 운동에 대해 의논하던 어느 날, 유완무가 창수에게 말했다.

"이보게, 자네는 탈옥수이니 본명을 쓰는 것은 위험하네. 이름을 창수에서 '구(龜)'로 바꾸는 게 어떤가?"

일리 있는 말이었다. 그리하여 창수는 그의 나이 스물다섯 살 때부터 '김구'가 되었다. 그런데 김구가 막 새로운 삶을 시작했을 때 아버지가 세상을 떠났다. 김구는 눈앞이 아득했다. 아버지는 언제나 김구의 든든한 버팀목이었다. 김구가 어릴 때는 양반들한테 괄시받지 않도록 서당을 열어 주었고, 과거를 그만두고 동학에 가담했을 때도 묵묵히 지원을 아끼지 않았다. 또 인천 감옥을 탈옥했을 때는 아들을 대신하여 옥살이까지 했다. 그런 아버지를 다시는 볼 수 없다니, 세상의 모든 빛을 잃은 듯했다.

'아버지! 반드시 아버지의 장한 아들이 될게요. 나라의 듬직한 기둥이 될게요.'

김구는 아버지의 사랑을 되새기며 마음속으로 다짐했다.

1905년 11월, 우리나라와 일본 사이에 을사조약이 맺어졌다. 러일전쟁에서 승리한 일본은 우리나라의 외교권을 강제로 빼앗고 정치에 간섭하기 시작했다. 이후 우리나라는 외국과 조약을 맺거나 협상을 하려면 반드시 일본의 허가를 받아야 했다. 일본은 우리나라를 보호하기 위한 것이라고 주장했지만 사실은 우리나라를 집어삼키기 위한 첫 단추를 끼운 것이었다.

"을사조약은 무효다! 일본은 물러가라!"

"우리나라는 일본의 속국이 아니다! 을사조약을 파기하라!"

나라 곳곳에서 을사조약에 반대하는 의병이 일어났다. 의병들의 애국심은 누구보다 뜨거웠지만 그들에겐 무기와 전략이 부족했다. 그래서는 최신식 무기와 철저한 훈련으로 무장한 일본군을 당해 낼 재간이 없었다. 이에 꼿꼿한 선비들은 망국의 슬픔을 견디지 못하고 스스로 목숨을 끊었다.

그즈음 기독교에 귀의하여 학교에서 아이들을 가르치던 김구는 서둘러 서울로 향했다.

"이 나라를 살려야 합니다. 잃어버린 나라의 권리를 되찾아야 합니다."

"맞습니다. 황제께 을사조약의 부당성을 상소로 올립시다."

김구와 애국지사들은 비밀회의를 연 뒤 덕수궁 대한문으로 몰려갔지만 일본군에 의해 강제 해산되었다. 순순히 물러날 수 없었던 김구와 애국지사들은 곧장 종로로 나가 공개 연설을 했다.

"동포 여러분, 을사조약은 왜적이 우리의 국권을 빼앗고 2천만 민중을 노예로 삼기 위해 만든 조약입니다. 원수의 노예로 살 것입니까, 의롭게 죽을 것입니까? 모두 일어나 하나로 뭉칩시다. 일본인들을 이 땅에서 몰아냅시다!"

애국지사들이 피를 토할 듯이 격렬하게 호소했다. 일본 순사들의 날카로운 감시 속에서도 그들의 목소리는 우렁

찼다. 지나가던 백성들이 걸음을 멈추고 귀를 기울였다. 하나가 모이고 둘이 모이더니 어느새 수많은 군중이 뭉쳤다.

"해산하라, 해산하라! 안 그러면 쏜다!"

하나로 덩이지는 사람들을 보자 일본 순사들은 덜컥 겁이 났는지 총칼을 들이댔다. 그러고는 연설하던 청년을 고꾸라뜨렸다.

"이놈들, 너희가 무엇이건대 우리에게 행패를 부리느냐?"

김구와 동지들은 떼꺽 일본 순사들에게 덤벼들었다. 화가 난 군중들도 기왓장과 벽돌을 닥치는 대로 집어 던졌다. 종로는 삽시간에 아수라장이 되었다. 수많은 군중들이 들고일어나자 일본 순사들은 종로의 상점으로 몸을 피하고는 총을 쏘아 댔다. 사태는 점점 심각해졌고 팽팽한 접전이 이어졌다. 불붙은 조선 백성들의 분노에 일본 순사들의 목숨은 왔다 갔다 했다.

치열한 공방전이 오고 갈 무렵이었다. 사태를 파악한 일본 군대가 빗발처럼 총을 쏘아 대며 들이닥쳤다. 몇몇 사람이 그대로 쓰러졌고 군중들은 놀라 흩어졌다. 일본군의 맹공에 빈손뿐인 애국지사들은 체포되어 끌려갔다. 김구와 동지들은 씁쓸히 물러서고 말았다. 일본군에 무력으로 맞서기에는 역부족이었다.

"차라리 교육 운동을 합시다. 나라는 힘을 잃어 백성들을 보호할 수 없고, 백성들은 나라의 소중함을 알지 못하고 있소. 그러니 교육을 통해 나라가 곧 자신의 집이요, 나라 없이는 살아갈 수 없다는 것을 백성들이 깨닫도록 해야 하오."

"그렇습니다. 백성들이 새로운 세상과 지식에 눈뜨면 일본의 손아귀에서 벗어나려고 할 것입니다. 백성들 가슴에 애국의 씨앗을 심어 줍시다."

김구와 동지들은 전국으로 흩어져 신교육을 실시하기로 했다. 황해도로 돌아온 김구는 최준례와 결혼하고 본격적으로 교육 사업에 뛰어들었다. 그는 농촌 학생들을 가르치고 가난한 시골 마을에 학교를 세웠다. 해서교육총회(*1908년 황해도 지역의 교육을 위해 조직된 교육 계몽 단체.) 학무 총감으로 연설회를 다니기도 했다.

"우리는 배워야 합니다. 어른들이 먼저 깨치고 아이들에게 배움의 기회를 만들어 줘야 합니다. 그것만이 우리나라가 살 길입니다."

"교육의 목적은 인재를 키워 나라를 잘 살게 만들고 어둠 가운데서 빛을 찾는 데 있습니다. 옛 생각에 빠져 허우적대지 말고 신사상에 눈뜹시다!"

김구는 황해도 곳곳을 돌며 강연회를 열었다. 낫 놓고 기역 자도 모르는 백성들에게, 옛 사상에만 빠져 사는 고집불통 양반들에게 부르짖었다. 환등기를 틀어 세계 곳곳의 눈부신 문명을 보여 주며 목청껏 외쳤다.

"양반도 깨어라! 상놈도 깨어라!"

어느 날, 김구가 수천 명의 청중 앞에서 강연회를 할 때였다.

"당장 멈추어라. 환등회를 중지하라!"

일본 순사들이 별안간 들이닥치더니 다짜고짜 김구를

끌고 갔다. 경찰서 한구석에서 김구는 깜짝 놀랄 만한 신문 기사를 보았다. 1909년 10월 26일, 안중근이 하얼빈역에서 이토 히로부미를 죽였다는 소식이었다. 안중근, 그는 바로 일본군에 쫓기던 김구를 거둬 준 청계동 안태훈 진사의 맏아들이었다.

'안 진사의 아들이 큰일을 해냈구나. 장하다, 안중근!'

김구는 어렸을 적부터 영특하고 활쏘기를 잘했던 안중근을 떠올렸다. 윗물이 맑으면 아랫물도 맑듯, 아버지 안태훈이 올바르게 살며 본보기를 보이니 아들 안중근도 겨레의 큰 빛이 된 것이다. 김구는 감옥에 갇혔지만 무척 뿌듯하고 흐뭇했다. 어린 소년들이 자라서 나라의 듬직한 일꾼이 되는 것을 보며 조국의 장래는 결코 어둡지 않으리라 확신했다. 일본 검찰은 김구와 안중근을 얽으려고 샅샅이 조사했다. 그러나 둘 사이에 아무런 관계가 없다는 것을 확인하고는 김구를 한 달 만에 풀어 주었다.

백범으로 다시 태어나다

1910년 8월 29일, 일본은 우리 정부를 압박하여 강제로 한일 병합 조약을 맺고 우리나라를 완전히 집어삼켰다. 국토뿐 아니라 백성들의 권리마저 빼앗기고 일본의 식민지가 된 것이다. 또다시 반일 감정이 치솟았고 독립운동은 더욱 거세졌다. 나라 잃은 슬픔에 목숨을 끊는 사람도 있었다. 그러나 백성들 가운데는 아직도 병합이 무엇인지, 망국이 무엇인지 모르는 사람이 많았다.

김구는 그즈음 항일 비밀 결사 단체인 '신민회'에서 활약하고 있었다. 그는 서울에서 열린 비밀회의에 참석하여 나라를 되찾을 방법을 논의했다.

"동지들, 일본이 총감부를 설치하여 우리나라를 다스리고 있으니 우리도 비밀리에 도독부를 두고 우리 정부를 살립시다. 또 백성들을 만주로 이주시키고 무관 학교를 세워 광복 전쟁을 준비합시다."

"그러려면 우선 독립 자금을 모아야 하오. 각자 일을 맡아 추진합시다."

회의를 마친 동지들은 즉각 만주와 전국 곳곳으로 떠났다.

1911년 1월, 김구가 독립 자금을 모으며 양산학교에서 아이들을 가르칠 때였다. 어느 날, 일본 헌병들이 학교로 들이닥치더니 김구를 붙잡아 서울행 기차에 태웠다. 기차 안은 이미 체포된 애국지사들로 가득했다.

'안명근 사건에 우리 애국지사들을 옭아맬 속셈이구나!'

김구는 불현듯 안명근이 떠올랐다.

안명근은 독립운동에 뜻을 둔 애국 청년으로 안중근의 사촌 동생이었다. 그는 동지들을 모으고 독립 자금을 마련하여 친일파를 죽인 뒤 간도로 가서 독립군을 양성할 계획이었다. 그런데 얼마 전, 그는 배신자의 밀고로 체포되고 말았다.

김구의 예감이 들어맞았다. 일본은 우리나라를 빼앗자마자 가장 먼저 나라 안팎의 독립운동가들을 잡아들였다. 우리나라를 완전히 집어삼키기 위해 애국지사들을 뿌리 뽑고 독립운동의 싹을 잘라 버리려는 속셈이었다. 그 본보기가 황해도 애국지사 160여 명을 체포한 '안악 사건'이었다.

"김구, 너는 안명근과 어떤 사이냐? 터럭만큼이라도 숨기는 게 있다면 이 자리에서 너를 때려죽일 것이다. 네가 안명근을 시켜 독립 자금을 모았지?"

"아니오, 그런 일 없소······."

"안 되겠군. 제대로 불 때까지 따끔한 맛을 보여 줘라!"

김구가 말을 다 끝내기도 전에 왜놈들은 김구를 밧줄로 묶고는 천장에 거꾸로 매달아 몽둥이로 흠씬 두들겼다. 김구가 기절하면 찬물을 끼얹어 정신을 차리게 했고 또다시 때리기를 반복했다. 해 질 녘쯤 시작된 고문은 아침 해가 떠오를 때까지 이어졌다.

감옥이 있는 진고개(*충무로의 옛 이름.)에서는 밤낮으로 비명 소리가 끊이지 않았다. 애국지사들이 왜놈들에게 고문을 당하는 소리였다. 그들의 고문은 무자비했다. 애국지사들을 채찍과 몽둥이로 두들겨 팼고 불에 벌겋게 달군 쇠막대로 온몸을 지졌다. 또 거꾸로 매달아 코에 물을 들이붓고, 몇 날 며칠 동안 굶기기도 했다. 수많은 독립운동가들이 고문을 받다가 죽었다. 고통에 못 이겨 스스로 목숨을 끊는 이도 있었다.

김구도 괴로움에 죽고 싶을 때가 한두 번이 아니었다. 그러나 김구는 조국의 독립을 위해 온몸을 바치겠다던 맹세를 되새기면서 꿋꿋이 버텼다. 그는 고문실에서 유치장으로 질질 끌려올 때마다 큰 소리로 외쳤다.

"내 목숨을 빼앗을 수는 있어도, 내 정신만은 빼앗지 못하리라!"

김구는 동지들과 서로 용기를 북돋우며 고통스러운 옥중 생활을 하루하루 이겨 나갔다.

그해 7월, 김구는 15년 형을 선고받고 서대문 형무소로 옮겨졌다. 그때부터 김구는 독립운동에 대한 새로운 믿음을 가졌다. 조사받는 동안에 만난 일본인들은 하나같이 악

독하기만 했다. 그중 참사람은 단 한 명도 없었다. 태산처럼 크고 두렵게 느껴지던 일본이 겨자씨처럼 작고 보잘것없어 보였다. 우리나라를 뺏긴 것은 잠시일 뿐이요, 일본은 조선을 영원히 지배할 수 없다는 확신이 들었다.

그러나 감옥에서의 생활은 혹독했다. 먹을거리는 껍질 반 모래 반인 보리밥에 반찬으로는 소금이나 짜디짠 장아찌가 전부였다.

특히 여름과 겨울이 가장 고통스러웠다. 여름이면 수감자들이 내쉬는 숨과 땀으로 질식할 지경이었는데 열사병으로 죽는 자도 있었다. 반대로 겨울에는 난방은커녕 추위를 막아 줄 이불조차 부족해 동상에 걸려 불구가 되는 사람도 많았다.

고통의 나날 속에서 3년이 흘렀다. 그동안 김구의 형량은 15년에서 7년으로, 또 5년으로 줄어들었다. 남은 기간은 불과 2년. 김구는 다시 세상에 나갈 수 있다는 희망이 생겼다. 그러나 한편으로는 걱정스러웠다. 애국지사들 중에는 감옥에선 모진 학대를 잘 견디다가 세상에 나가면 오히려 왜놈에게 순종하며 사는 자가 많았다.

'나는 결코 변하지 않을 테다. 그 결심의 표시로 이름을 바꾸리라.'

김구는 자신의 이름을 '김구(金龜)'에서 '김구(金九)'로 바꾸고, 호를 '연하(蓮下)'에서 '백범(白凡)'으로 고쳤다. 이름을 바꾼 것은 왜놈의 국적에서 벗어나기 위해서였고 호를 고친 것은 모든 사람들이 자기만큼 애국심을 갖기를 바라서였다. 그의 호인 '백범'은 가장 낮은 계층인 백정(白丁)과 평범한 사람을 일컫는 범부(凡夫)에서 따온 것이었다.

김구는 감옥에서 뜰을 쓸고 유리창을 닦을 때마다 기도했다.

'우리나라가 하루빨리 독립을 이루게 해 주소서. 그리하여 우리 정부가 세워지면 제게 그곳의 뜰을 쓸고 유리창을 닦는 영광을 허락하소서!'

마침내 1915년 8월, 김구는 지옥 같은 감옥에서 4년 8개월 만에 풀려났다. 그의 나이 마흔이었다.

조국의 문지기가 되어

"대한 독립 만세! 대한 독립 만세!"

1919년 3월 1일, 우리나라 방방곡곡에 만세 소리가 우렁차게 울렸다. 일제의 탄압으로 숨죽이며 살던 우리 민족이 태극기를 들고 거리로 쏟아져 나왔다. 일본을 향한 분노와 독립에 대한 열망이 들끓어 오르자 만세 운동의 물결은 전국으로 퍼져 나갔다.

"선생님, 우리도 만세를 부르지요."

흥분한 청년들이 안악에서부터 김구를 찾아왔다.

그러나 김구는 고개를 저었다. 수년 간 일본에 맞서 저항하다 보니, 김구는 평화적인 만세 운동만으로는 결코 나라를 되찾을 수 없다는 걸 깨달았다. 더구나 김구는 일본 헌병들에게 감시를 받고 있었으므로, 독립운동은커녕 마음대로 움직일 수조차 없었다.

'일제는 이번에도 애국지사들을 무더기로 잡아들일 거야. 나 또한 국내에 있다가는 잡혀 들어가 세월을 낭비하게 될 테지. 차라리 중국 상해로 가자. 거기서 좀 더 체계적으로 독립운동을 준비하고 전 세계에 대한 독립의 당위성을 알리자. 그래야 이 땅에서 저들을 몰아낼 수 있어.'

김구는 중국 상해로 가서 본격적인 독립 투쟁을 할 작정이었다. 상해에는 이미 김구와 같은 생각을 품은 애국지사들이 모여들고 있었다.

"나는 따로 계획한 일이 있네. 자네들은 힘껏 만세를 부르게나."

김구는 청년들을 잘 다독여 돌려보냈다. 김구는 평상시처럼 농사 준비를 하다가, 일본 헌병의 감시가 소홀한 틈을 타서 기차에 몸을 실었다. 신의주와 중국 안동을 거쳐 상해로 건너가니 조선, 일본, 미국, 중국, 러시아 등에서 모여든 인사들이 김구를 반겼다.

"우리도 정부 조직을 만듭시다. 애국지사들의 뜻을 하나로 모으고, 일본에 맞서 싸울 중심이 필요합니다."

애국지사들은 '독립'이라는 한마음 한뜻 아래 똘똘 뭉쳐 1919년 4월 13일에 '대한민국 임시 정부'를 세웠다. 비록 내 나라, 내 땅이 아닌 남의 땅에 세운 임시 정부였지만 마침내 한 나라를 대표하는 기구가 생긴 것이다.

임시 정부는 국무총리를 최고 지도자로 삼고 그 밑에 내무, 외무, 군무, 재무, 법무 등의 부처를 두었다. 그리고 각 부처에 총장과 차장을 두어 일을 보게 했다. 초대 국무총리는 이승만이었다. 그러나 이승만은 미국에 머물며 오지 않아, 내무 총장인 안창호가 국무총리 일까지 맡아보았다.

김구는 임시 의정원의 한 명이었지만 독립을 위해 작은 힘이라도 더 보태고 싶었다. 어느 날, 김구가 안창호에게 말했다.

"안 총장, 나를 임시 정부의 문지기로 삼아 주시오."

"문지기라니? 그게 무슨 소리요?"

안창호가 알 수 없다는 표정으로 고개를 갸우뚱했다.

"나는 감옥에 있을 때 훗날 독립 정부가 들어서면 그 뜰을 쓸고 문을 지키는 문지기가 되기로 마음먹었소. 그것이 나의 소원이오."

김구가 지난날의 일을 들려주자, 안창호는 김구의 진심을 알고 몹시 감동했다. 그리고 다음 날 김구를 경무국장에 앉혔다. 경무국의 주요 임무는 일본의 정탐 활동을 방지하고 독립운동가들이 일본에 투항하는 것을 막는 것이었다.

'경무국장은 일제로부터 임시 정부와 동포들의 안전을 지키는 일이야. 그러니 우리 정부의 문지기나 다름없어!'

김구는 밤낮을 가리지 않고 임시 정부를 보호하는 파수꾼 역할을 충실히 했다. 그리하여 임시 정부 사람들이 안전하게 활동할 수 있도록 도왔다. 당시 임시 정부는 프랑스 조계지 안에 있어서 일본이 마음대로 좌지우지하지 못했다. 프랑스 당국은 임시 정부의 독립운동을 지원했는데 일본 경찰이 독립운동가들을 체포하려고 하면 임시 정부에 미리 알려 주어 피하게 했다. 프랑스 조계지의 안전한 울타리 안에서 김구가 일본 정탐꾼들의 활동을 방해하자 일본 경찰들은 김구를 잡지 못해 안달이었다. 그때부터 김구는 프랑스 조계지 밖으로는 한 발짝도 나갈 수 없었다.

1920년, 아내 최준례가 맏아들 인을 데리고 김구가 있는 상해로 왔다. 그로부터 2년 뒤에는 어머니도 상해로 건너왔다. 그해 가을, 둘째 아들 신이 태어나면서 김구는 오랜만에 단란한 가정을 이루었다. 비록 가난한 살림살이였으나 늙은 어머니를 모시고 아이들의 재롱을 보면서 모처럼 평화로운 시절을 누렸다. 그러나 행복은 잠깐, 둘째 아들을 낳고 몸이 좋지 않았던 아내가 가파른 계단에서 굴러 떨어졌다. 아내는 갈비뼈가 다쳤으나 병원에 갈 형편이 안 되었다. 결국 제대로 치료받지 못한 아내는 늑막염과 폐병으로 고생하다 세상을 떠났다.

'먼 타국 땅에서 못난 나를 뒷바라지하느라 고생 많았소. 이 슬픔을 꾹 참고 당신의 죽음이 헛되지 않도록 힘껏 싸울 것이오. 부디 편안히 눈을 감구려!'

프랑스 조계지를 벗어날 수 없었던 김구는 아내의 마지막도 지키지 못했다. 아내는 낯선 병실에서 홀로 쓸쓸한 죽음을 맞이했다.

상해에서의 생활은 날로 궁핍해졌다. 독립운동가들은 밥을 먹는 날보다 굶는 날이 더 많았다. 김구의 어머니는 채소 가게에서 버린 시래기를 골라 소금물에 담갔다가 반찬을 만들곤 했다. 그마저도 힘겨워지자 어머니는 입 하나라도 덜어야겠다며 손자들을 데리고 고국으로 떠났다. 상해에 홀로 남은 김구는 임시 정부 청사에서 잠을 자고 동포들의 집을 찾아다니며 밥을 얻어먹었다. 딱 비렁뱅이 신세였다.

위기에 처한 임시 정부

 상해 임시 정부가 세워진 초창기에는 나라 안팎이 단결하여 독립을 위해 힘썼다. 하지만 한 해, 두 해가 지나면서 임시 정부에도 위기가 찾아왔다. 당시 전 세계는 미국과 소련을 중심으로 거대한 이념 싸움에 휘말리고 있었다. 임시 정부의 독립운동가들도 공산주의자와 민족주의자로 갈라졌고 그 과정에서 세력 다툼이 벌어졌다. 심지어 대통령 이승만은 미국이 내세우는 민주주의에 따라야 한다고 주장했고, 국무총리 이동휘는 소련이 내세우는 공산주의를 본받아야 한다고 주장했다.

 '우리의 독립운동이 다른 나라에 의해 좌지우지되면 민

족의 자주성을 잃게 된다. 그러므로 우리 민족 스스로 독립을 하는 것이 마땅하다.'

김구는 미국이나 소련의 힘을 빌리지 않아야 한다고 생각했다. 그러나 독립운동가들은 사상의 갈등으로 골이 깊어졌고 임시 정부는 휘청거렸다. 더욱이 임시 정부와 고국의 비밀 연락망이었던 연통제가 발각되어 많은 동지들이 일제에 잡혀 들어갔다. 게다가 고국에서 들어오던 독립 자금도 끊겨 임시 정부는 심각한 자금난에 시달렸다. 결국 뜻이 굳은 몇몇 애국지사들만 남고 많은 인사들이 임시 정부를 떠났다. 그중에는 일본의 앞잡이가 되는 자도 있었다. 급기야 수천 명에 달했던 독립운동가들이 불과 몇십 명밖에 남지 않자 임시 정부는 무정부 상태에 빠지고 말았다.

어느 날, 보다 못한 의정원 의장 이동녕이 김구에게 말했다.

"백범, 그대가 국무령이 되어 임시 정부를 이끌어 주어야겠소."

"당치 않습니다. 나같이 보잘것없는 사람이 한 나라의

원수가 되는 것은 국가와 민족의 위신을 떨어뜨리는 일입니다."

김구는 펄쩍 뛰며 거절했다. 그러나 그 누구도 위기에 빠진 임시 정부를 구할 이가 없었다.

이동녕의 긴 설득을 못 이긴 김구는 1926년 국무령에 취임했다. 임시 정부의 문지기였던 김구가 임시 정부 최고의 자리까지 오른 것이다. 김구는 임시 정부의 체계를 여러 위원들이 돌아가면서 국무령을 맡는 국무위원제로 바꾸었다.

사상 투쟁으로 시끄럽던 위원들이 저마다 평등한 권리를 나누어 갖게 되자, 임시 정부는 일단 잠잠해졌다. 그래도 여전히 임시 정부의 상황은 형편없었다. 독립운동은커녕 임시 정부라는 이름을 유지하기도 버거웠다. 임시 정부 청사의 집세가 30원인데 툭하면 밀려서 집주인에게 곤욕을 당하기도 했다.

'아, 고국과 만주에서 보내 주던 독립 자금으로 근근이 버텼는데 자금줄이 끊겼으니 이를 어찌한단 말인가. 어떻게 해야 임시 정부를 되살릴 수 있을까?'

김구는 깊은 고민에 빠졌다. 임시 정부에 활력을 불어넣고 뿔뿔이 흩어진 독립운동가들을 하나로 모으고 싶었다. 그러자면 자금이 필요했다. 절박한 마음으로 고심했기 때문일까. 어둠 속에서 빛줄기가 쏟아지듯 퍼뜩 생각이 떠올랐다.

'그래, 해외에 있는 우리 동포들에게 호소하자. 지금은 그들의 도움을 구하는 수밖에 없어!'

김구는 용기를 내어 해외 동포들에게 편지를 띄웠다. 당시 우리 동포들은 중국, 러시아, 일본, 미국, 멕시코, 쿠바 등에서 살았는데 대부분 힘든 노동으로 먹고살았다. 하지만 그들은 타국에 흩어져 살아도 한민족의 얼로 이어져 있었다. 그들의 가슴속에는 끈끈한 정과 뜨거운 나라 사랑이 깃들어 있었다.

김구는 기대를 내려놓고 지푸라기라도 잡는 심정으로 기다렸다. 그러던 어느 날, 기적 같은 일이 벌어졌다! 해외 동포들에게서 편지가 날아든 것이다.

우리 정부의 안타까운 소식을 들었습니다. 먼저 2백달러를 모아 보내고, 앞으로도 조금씩 마련하여 보태도록 하겠습니다. 그러니 나라를 되찾는 일에 지금처럼 애써 주십시오.

처음에는 한두 통씩 오더니 곧 세계 각지에서 임시 정부를 돕겠다는 소식이 줄을 이었다. 해외 동포들의 피와 땀이 어린 돈이 한 푼, 두 푼 모였다. 편지지를 든 김구의 손이 포르르 떨렸다. 동포들의 정성에 가슴 한편이 뜨거워졌다. 만난 적도 없는 동포들이 한민족이라는 이름 아래 김구를 돕고 있는 것이었다.

'동포들이여, 고맙소! 그대들의 정성에 꼭 보답할 것이오!'

그때부터 김구는 우리 독립운동의 역사에 길이 빛날 큰일을 꾀하기 시작했다.

한인 애국단의 핏빛 외침

 '조국을 되찾으려면 군대를 만들어야 해. 하지만 지금은 자금도 없고 필요한 인재도 없어. 그러니 우선 일본 정부 요인들을 암살하고 주요 기관을 파괴할 비밀 조직을 만들자.'

 김구가 은밀히 젊은이들을 모아 '한인 애국단'을 만들고자 할 때였다. 한 청년이 김구를 찾아왔다.

 "저는 이봉창이라고 합니다. 일본에서 노동하며 살다가 독립운동을 하고 싶어 상해로 왔습니다. 부디 나라를 위해 몸 바칠 수 있도록 이끌어 주십시오."

 이봉창의 말씨와 행동이 일본인과 비슷하여 김구는 선

뜻 믿음이 가지 않았다. 그러나 그를 찬찬히 지켜보니 의기에 찬 태도가 남다르고 진실해 보였다. 이윽고 김구는 이봉창과 서로 속마음을 터놓았다.

"이 동지, 독립운동을 하려면 목숨을 내놓아야 하오. 그대가 정녕 할 수 있겠소?"

"선생님, 제 나이 서른하나입니다. 인생의 목적이 쾌락이라면 저는 지난 31년 동안 대강은 맛보았습니다. 앞으로 31년을 더 산다 해도 지금보다 더 재미나진 않을 것입니다. 그러니 이제부터는 영원한 즐거움을 위하여 독립운동에 몸 바치겠습니다."

이봉창의 진심 어린 대답에 김구는 눈물이 왈칵 솟구쳤다. 죽음을 두려워하지 않는 패기와 열렬한 조국 사랑이 이봉창의 말씨와 눈빛에서 고스란히 전해졌다.

"좋소. 1년 안으로 그대가 해야 할 일을 준비해 놓겠소."

"알겠습니다. 저는 그동안 일본인으로 행세하며 철공장에 취직하겠습니다."

둘은 굳은 약속을 맺고 헤어졌다.

몇 달 뒤, 모든 준비가 끝났다. 이봉창의 임무는 일본의 심장부인 동경으로 건너가 일본 왕을 제거하는 것이었다.

"나는 참된 마음으로 조국의 독립과 자유를 위하여, 한인 애국단의 한 사람으로서 적국의 원수를 죽일 것을 맹세합니다."

이봉창이 태극기 앞에서 한인 애국단의 입단 선서식을 거행했다.

그 순간, 김구는 주르륵 눈물을 흘리며 한동안 말없이 이봉창의 손을 꼭 움켜쥐었다. 일본 왕을 죽이는 것은 매우 위험한 일이었다. 거사가 성공하든 실패하든 이봉창은 그 자리에서 잡힐 게 뻔했고 분명히 사형당할 터였다. 그러나 조국을 되찾기 위해서는 누군가 반드시 해야 할 일이 아니던가. 김구는 무너지는 마음으로 거사금과 폭탄 두 개를 이봉창에게 건넸다. 하나는 일본 왕을 없애는 데 쓰일 것이고 다른 하나는 이봉창의 자살용이었다.

김구와 이봉창은 사진관으로 가서 마지막 사진을 찍었다. 김구는 앞날이 창창한 청년을 사지로 몰아넣는 자신이 참으로 한스러웠다. 김구의 얼굴빛이 점점 어두워졌다.

그때 이봉창이 환한 미소를 지으며 활기차게 말했다.

"선생님, 저는 영원한 행복을 얻으러 떠납니다. 그러니 우리 기쁜 얼굴로 사진을 찍지요!"

김구는 고개를 끄덕이며 애써 웃었다. 슬픔과 아픔이 뒤엉킨 미소였다.

1932년 1월 8일, 일본을 큰 충격에 휩싸이게 한 '동경사건'이 터졌다. 즉시 중국의 여러 신문에 대문짝만 한 기사가 실렸다.

조선인 이봉창, 일본 왕에게 폭탄을 던졌다. 그러나 불행히 맞지 않았다.

이봉창은 한인 애국단의 첫 번째 거사를 통쾌하게 치른 것이었다. 비록 폭탄의 성능이 좋지 않아 일본 왕을 없애는 데 실패했지만 이봉창 의거는 일본인들의 간담을 서늘케 했다. 또한 우리 민족이 일본에 동화되지 않고 꿋꿋이 살아 있다는 것을 전 세계에 알리는 계기가 되었다. 그뿐이 아니었다. 이봉창의 희생은 독립운동의 새로운 불꽃으로 피어올랐다.

"독립 자금을 보낼 테니, 앞으로도 우리 민족을 빛낼 사업을 해 주시오."

"이봉창 의사의 거룩한 희생을 영원히 기억하겠소."

해외에 있는 동포들로부터 격려의 편지가 꽃잎처럼 날아들었다.

게다가 패기 넘치는 청년들도 임시 정부로 속속 찾아왔다. 그들은 이봉창처럼 나라를 위해 몸 바치겠노라고 뜨겁게 다짐했다. 그중 하나가 윤봉길이었다.

"저는 홍구에서 채소 장사를 하던 윤봉길입니다. 큰 뜻을 품고 상해에 왔습니다. 저에게도 기회를 주십시오."

김구는 일전에 윤봉길을 본 적이 있었다. 그는 의로운 대장부였다.

"뜻을 품으면 반드시 이룬다고 했소. 마침 나도 그대와 같은 인물을 찾고 있던 중이오. 일본은 중국과의 전쟁에서 승리한 것을 기념해 일왕의 생일인 4월 29일, 홍구 공원에서 성대한 행사를 치른다고 하오. 그날 그대의 뜻을 이루면 어떻겠소?"

"좋습니다. 이제야 제 할 일을 찾은 듯해 흡족합니다."

윤봉길은 매우 기뻐했다. 김구는 곧바로 거사를 준비했다. 물통과 도시락 모양의 폭탄을 만들고 여러 차례 시험했다. 이봉창의 동경 의거 때처럼 성능이 나쁜 폭탄으로 일을 그르칠 순 없었다. 윤봉길 역시 날마다 홍구 공원으로 가서 거사를 행할 위치를 점검했다.

운명의 날이 밝았다. 1932년 4월 29일, 김구와 윤봉길은 마지막 밥상을 같이했다. 윤봉길은 들일을 나가는 농부처럼 밥을 듬뿍 먹었다.

'윤 동지가 살아서 먹는 마지막 밥이구나······.'

김구는 목이 메어 윤봉길을 하염없이 바라보았다.

밥을 다 먹고 나서, 윤봉길이 두 아들 종과 담에게 쓴 유서를 말없이 내밀었다.

강보에 싸인 두 병정에게,

너희도 피가 있고 뼈가 있다면 반드시 조선을 위하여 용감한 투사가 되어라. 태극 깃발을 높이 드날리고 나의 빈 무덤 앞에 한 잔 술을 부어 놓아라. 그리고 너희는 아비 없음을 슬퍼하지 말아라……'.

그때 오전 7시를 알리는 괘종시계가 울렸다.
"선생님, 우리 서로 시계를 바꾸지요. 제 시계는 어제 6원 주고 산 것인데 선생님 시계는 2원짜리잖습니까. 저는 이제 한 시간밖에 시계를 쓸 일이 없습니다."
윤봉길이 그의 시계를 내밀었다. 김구는 묵묵히 윤봉길과 시계를 맞바꾸었다. 윤봉길이 자동차에 오르자, 김구는 눈시울을 붉히며 마지막 작별 인사를 건넸다.
"나중에 좋은 세상에서 만납시다!"
곧 자동차가 엔진 소리를 드높이며 천하 영웅 윤봉길을 싣고 홍구 공원으로 달렸다. 비가 부슬부슬 내렸다. 김구는 몇몇 독립운동가들에게 몸을 피하라고 연락한 뒤, 초조한 마음으로 거사 소식을 기다렸다.

같은 시각, 윤봉길은 홍구 공원에서 차분히 때를 노렸다. 경축식이 시작되었다. 일본인들은 오만한 표정으로 그들의 국가를 부르고 있었다. 윤봉길은 마지막 소절이 끝

날 무렵, 인파를 헤치고 앞으로 나아갔다. 그리고 주요 인사들이 서 있는 단상을 향해 힘차게 폭탄을 던졌다. 꽝! 폭발음과 함께 커다란 불꽃이 일었다. 경축식장은 아수라장으로 변했고 일본 중요 인사들이 그 자리에 쓰러졌다.

"대한 독립 만세! 대한 독립 만세!"

미처 자결하지 못한 윤봉길에게 일본 헌병들이 몰려들었다. 젊디젊은 스물다섯 살의 청년 윤봉길은 현장에서 체포된 뒤 일본으로 무자비하게 끌려갔다.

홍구 공원 천장절(*일본 왕이 태어난 날.) 경축식장에 폭탄이 폭발하다! 이 사고로 상해 일본거류민단장 가와바다가 그 자리에서 숨졌다. 그리고 시라카와 대장, 시게미쓰 주중 공사, 우에다 사단장, 노무라 사령관 등의 고위 관료가 중상을 입었다.

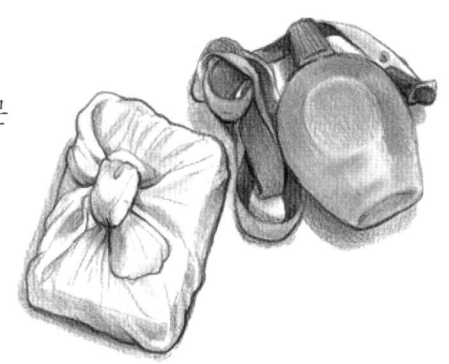

오후 2, 3시쯤 되자 신문 호외가 상해 거리에 뿌려졌다. 성공이었다! 윤봉길

의 폭탄 투척은 전 세계를 놀라게 했다. 하지만 상해에 있던 조선 사람들은 곤경에 처하고 말았다. 일제가 독립운동가들을 잡기 위해 프랑스 조계지를 샅샅이 수색했기 때문이었다. 김구도 급히 몸을 피했다. 그러나 왜놈들은 미친 개처럼 날뛰었고 독립운동가뿐만 아니라 죄 없는 사람들까지 잡아가 고초를 겪게 했다. 우리 동포들의 피해가 늘어 가자 김구는 더 이상 두고 볼 수 없었다. 그는 '이봉창의 동경 사건과 윤봉길의 홍구 사건을 일으킨 자는 김구이다.'라는 성명서를 영국 로이터 통신을 통하여 전 세계에 발표했다. 이후 김구는 훨씬 더 위험해졌고 일본은 김구의 목에 엄청난 현상금을 내걸었다.

이봉창과 윤봉길의 의거는 우리 민족에게 독립의 신념과 용기를 심어 주었다. 국내외 동포들이 독립운동을 적극적으로 지원했고 임시 정부는 활기를 되찾았다. 또한 중국과 임시 정부의 관계는 더욱더 친밀해졌다.

"윤봉길이여, 장하도다! 중국의 백만 군대가 하지 못한 일을 조선의 한 청년이 해냈구나."

중국 국민당의 지도자인 장개석은 윤봉길의 용기에 탄

복하여 김구의 안전을 보장하고 임시 정부의 독립운동을 아낌없이 지원하겠다고 약속했다.

꿈에 그리던 광복이여!

　김구는 중국인으로 행세하며 중국 곳곳을 떠돌아다녔다. 임시 정부도 13년간 둥지를 틀었던 상해를 떠나 안전한 곳으로 옮겨 다녀야 했다. 그 와중에도 김구는 임시 정부를 이끌어 나갔다. 독립운동가들을 단합시키고 대일 정보를 수집하는 데 힘썼다. 중국과의 외교 활동도 추진하여 중국 국민당 주석인 장개석을 만났다.
　"장 주석, 일본이 중국을 집어삼키려고 호시탐탐 노리고 있으니 철저히 대비해야 할 것입니다. 저희에게 독립 자금 백만 원만 주십시오. 저희가 조선, 일본, 만주에서 폭동을 일으켜 중국을 침략하려는 일본의 교두보를 끊겠습니다."

"김 주석, 특무 공작으로 일본 왕을 죽인다 해도 또 다른 일본 왕이 나올 것이고, 대장을 죽이면 또 대장이 생길 것이오. 진정으로 독립하려면 폭동보다 군사를 키워야 하지 않겠소?"

"예! 그것이야말로 제가 진실로 바라는 바입니다. 하지만 장소와 자금이 문제이지요."

"걱정 마시오. 내가 장소와 자금을 대겠소. 군사를 양성할 구체적인 계획이나 말해 보시오."

장개석 주석은 임시 정부의 독립운동을 아낌없이 지원하겠다던 약속을 지켰다.

곧 조선의 군대가 조직될 것이라는 소문이 돌자, 만주와 중국 각지에서 젊은 인재들이 몰려왔다. 김구는 벅찬 감격으로 그들을 받아들여 중국 중앙 군사 학교 낙양 분교에 한국 독립군 훈련반을 만들었다.

그즈음 고국에 머물던 김구의 어머니가 손자 인과 신을 데리고 중국으로 왔다. 이봉창과 윤봉길의 의거 뒤, 일본 경찰의 감시가 거세지자 몰래 탈출한 것이다. 김구는 한달

음에 달려가 가족을 맞이했다. 무려 9년 만의 만남이었다.

"이제부터 '너'라고 하지 않고 '자네'라고 부르겠네. 듣건대 자네가 군사 학교를 세우고 많은 청년들을 거느린다니 나도 자네의 체면을 세워 줄 것이네."

김구를 부둥켜안은 어머니의 첫말이었다.

김구의 어머니는 여느 노인들과는 달랐다. 오랫동안 김구를 뒷바라지하면서 나라 사랑이 투철해졌고 독립운동가들의 어머니로서 그 역할을 다했다. 한번은 이런 일도 있었다. 어머니의 생일을 맞이하여 동지들이 축하 잔치를 열려고 했다. 그것을 눈치챈 어머니는 자신이 먹고 싶은 음식을 만들겠다며 돈을 받아 갔다. 그런데 다음 날, 어머니가 권총 두 자루를 꺼내 동지들에게 내놓으며 이렇게 말하는 게 아닌가.

"이 늙은이의 생일보다 조선의 독립이 더 중요하네. 왜놈들을 없애는 데 쓰게나."

실로 사내대장부보다 강한 여인이었다.

1937년 7월 7일, 중일 전쟁이 일어났다. 악랄한 일본군은 중국 땅을 무참히 짓밟았고 일본 전투기의 폭격에 중국 대륙은 불바다로 변했다. 중국의 수도 남경이 위험해지자, 우리 임시 정부와 인사들은 부랴부랴 짐을 꾸려 대이동을 시작했다. 김구는 비교적 안전한 도시인 장사에 도착하자 중국인 행세를 그만두고 고국을 떠난 뒤 한 번도 쓰지 못했던 '김구'라는 이름으로 살았다.

당시 우리 독립운동 단체는 크게 공산주의 계열과 민족주의 계열로 나뉘어 있었다. 공산주의 계열 안에서도 여러 갈래가 있었고, 민족주의 계열에서도 김구를 중심으로 한 '한국 국민당'과 조소앙을 중심으로 한 '한국 독립당' 그리고 이청천이 이끄는 '조선 혁명당'이 있었다. 김구는 공산주의 계열과의 통합이 어렵다면, 민족주의 계열만이라도 뭉치자고 호소했다.

1938년 5월 7일, 민족주의 계열 세 단체의 지도자들이 한자리에 모였다. 그런데 이게 웬일인가. 갑자기 세 단체의 통합을 반대하던 이운한이 침입하여 총을 마구 쏘아 댔다. 김구와 여러 동지들이 그 자리에서 쓰러졌다. 몇 사람은 그대로 죽고, 가슴에 총알이 박힌 김구는 병원으로 실려 갔다. 다행히 김구는 목숨을 건졌으나 한 달 동안 치료를 받아야 했다. 이것을 본 어머니가 김구를 따끔하게 꾸짖었다.

"자네 목숨은 하늘에서 보호할 줄 알았네. 의로움이 사악함을 이기니 말일세. 하지만 우리 동포의 총에 맞고 산 것은 왜놈의 총에 맞고 죽은 것보다 못하네."

김구는 어머니에게 같은 동포끼리 싸우는 모습을 보인 것이 참으로 부끄러웠다.

전쟁은 갈수록 치열해졌다. 일본군의 진격 속도가 너무 빨라서 중국의 어느 곳도 안전하지 않았다. 김구는 채 낫지 않은 몸으로 임시 정부와 대가족을 이끌고 여기저기 피난을 다녔다. 남경에서 광주로, 광주에서 유주로, 유주에서 기강으로 여름과 가을 내내 옮겨 다니며 나라 없는 설움에 사무쳐야 했다. 남의 땅을 떠도는 처지가 한스러웠던 것일까? 그 길고 험한 피난길이 힘에 부쳤던 걸까? 대나무처럼 꼿꼿하던 어머니가 결국 쓰러지고 말았다.

"어머니, 기운 차리세요. 조국의 독립을 보셔야지요."

김구가 병원으로 달려가 보니 어머니는 이미 마지막 숨을 몰아쉬고 있었다. 어머니는 죽음을 예상한 듯 잔잔히

웃음만 지었다.

"나라를 되찾지 못하였으니 원통하고 또 원통하구나. 빨리 우리나라가 독립하도록 노력하고 귀국할 때 나와 인이 어미의 유골을 가져가 고향에 묻어라."

어머니의 마지막 말씀이었다.

1939년 4월 26일, 어머니는 먼 타국 땅에서 끝내 숨을 거두었다. 팔십 평생 색깔 고운 비단옷 한 번 입어 보지 못하고, 쌀밥 한 그릇 배불리 먹어 보지 못한 채 헐벗고 고달프게 살다 간 어머니였다. 어머니의 마지막 발걸음에는 애틋한 자식 사랑과 열렬한 나라 사랑이 가득 차 있었다.

1939년 9월, 중일 전쟁이 한창인 가운데 제2차 세계 대전이 일어났다. 바야흐로 전 세계는 참혹한 핏빛으로 물들었다. 그러나 김구는 머지않아 전쟁이 끝날 것이라 확신하고 서둘러 광복군을 창설했다. 우리 군대가 전쟁에 참전하여 일본을 이겨야만 자주독립을 이룰 수 있다고 믿었기 때문이다.

전쟁은 멈출 기미를 보이지 않았다. 1941년 12월, 일본은 미국 하와이의 진주만을 공격하여 태평양 전쟁을 일으켰다. 일본의 예상치 못한 기습에 미국은 큰 피해를 입었고, 일본은 기세등등하여 아시아 전체로 세력을 뻗어 나갔다. 김구는 즉각 일본에 선전포고를 하고 한국광복군을 전쟁에 참전시켰다. 영국군, 중국군 등과 연합하여 아시아 각지에서 일본군과 맞섰다. 하지만 광복군은 남의 나라에서 만들어진 군대였으므로 여러 면에서 미흡했고 그 권한도 약했다. 광복군은 전쟁에서 특별한 공을 세우지 못한 채 연합국의 관심에서 멀어져 갔다.

그런데 뜻밖의 사건이 일어났다. 1945년 1월, 오십여 명의 청년들이 애국가를 우렁차게 부르며 중경 임시 정부 청사로 들어왔다. 그들의 가슴에는 태극기가 달려 있었다.

"우리는 일본에 강제로 끌려간 학도병입니다. 일본군으로 싸우는 게 싫어서 탈출했습니다."

"우리는 조선인입니다. 왜놈의 앞잡이로 끌려다니다 개죽음을 당하느니, 조국의 광복을 위해 이 한 목숨 바치려고 임시 정부를 찾아왔습니다."

조선 학도병들은 중국 전선에서 싸우다가 죽음을 무릅

쓰고 탈출한 것이었다.

이 사건은 우리 동포들에게 커다란 감동을 안겨 주었고, 중국 및 세계 언론에도 대대적으로 보도되었다. 이것이 계기가 되어 한국광복군은 연합국의 주목을 받았다. 이후 미국 전략 첩보 기구인 OSS와 함께 조선에 몰래 진입하여 일본군을 물리칠 작전을 추진하기로 한 한국광복군은 서안과 부양에서 비밀 훈련을 받았다.

예정대로 3개월의 훈련이 끝난 1945년 8월 7일, 김구는 서안으로 향했다. 미군 책임자인 도노번 장군과 만나 두 나라의 공동 작전을 합의하기 위해서였다.

"오늘 이 시간부터 미합중국과 대한민국 임시 정부는 우리의 적 일본에 항거하는 비밀공작을 시작하겠습니다."

합의가 끝난 뒤 도노번 장군이 힘차게 선언했다.

김구는 가슴이 벅찼다. 우리 광복군이 한 나라의 군대로서 미국과 동등한 자격을 갖고 비밀 작전을 펼치게 된 것이다. 게다가 중국 땅이 아닌 조선 땅에서 직접 일본군과 싸울 수 있었다. 그야말로 우리 광복군이 항일 운동의 최선봉에서 투쟁할 절호의 기회였다. 김구는 힘든 훈련을 무사히 마친 광복군 청년들이 자랑스러웠다. 광복군들의 얼굴도 흥분과 기대로 가득 찼다. 그들은 조선으로 비밀스레 파견될 날만을 손꼽아 기다렸다.

그즈음 미국과 일본에서는 전쟁 상황이 급박하게 변했다. 8월 6일, 미국은 일본 히로시마에 원자 폭탄을 떨어뜨렸고, 8월 9일에는 나가사키에 두 번째 원자 폭탄을 떨어뜨렸다. 연이은 두 번의 폭격으로 일본은 무조건 항복할 수밖에 없었다.

김구는 이러한 상황을 모른 채 서안에서 중국 친구들을 만나고 있었다. 8월 10일, 김구가 축소주 주석과 이야기를 나누며 저녁 식사를 하고 있을 때였다. 갑자기 전화벨이 울렸다. 축 주석은 급히 전화를 받더니 조금 뒤에 벼락같이 소리쳤다.

"일본이 항복한답니다!"

꿈에도 그리던 소식이었다! 일본의 항복은 곧 대한의 독립을 뜻했다. 36년 동안 일제의 탄압에 시달리며 살던 우리 겨레가 자유를 찾은 순간이었다. 그러나 김구는 마음 놓고 기뻐할 수가 없었다. 오히려 하늘이 무너지고 땅이

꺼지는 것 같았다. 우리 힘으로 나라를 되찾지 못했기 때문이다.

'우리 광복군이 몇 년 동안 일본에 맞설 준비를 했는데 모두 헛일이 되었구나! 다른 나라의 힘으로 나라를 되찾았으니 장차 그들의 목소리가 커질 것이다…….'

나라의 앞날을 생각하니, 김구는 아득하고 불안했다.

나의 소원은 완전한 자주 통일

 1945년 11월 23일, 김구는 기쁨과 슬픔으로 뒤엉킨 채 조국 땅을 밟았다. 중국 상해에서 세 시간이면 올 길을 27년 만에 돌아온 것이다. 김구는 감회에 젖어 조국 산천을 바라보았다.

 "동포 여러분, 우리의 독립은 아직 끝나지 않았습니다. 우리 스스로 정부를 세워 조국이 완전한 독립을 이룰 때까지 한마음 한뜻이 되어 나아갑시다!"

 김구는 동포들에게 단결하자고 호소했다. 이 무렵, 나라 안 사정은 김구가 걱정하던 대로 흘러갔다. 삼팔선을 경계로 북쪽은 소련군이 점령했고 남쪽에는 미군이 들어와 군정을 펼치고 있었다. 그뿐만이 아니었다. 남쪽 국민들은 친일 세력, 민족주의 세력, 공산주의 세력으로 나뉘어 서로 헐뜯고 다투었다. 김구는 이념과 사상을 뛰어넘어 하나로 뭉치자고 외쳤다. 그래야만 친일파를 몰아내고, 삼팔선을 없앨 수 있으며, 미국과 소련의 간섭에서 벗어나 자주 통일 국가를 이룰 수 있다고 목소리를 높였다. 하지만 김구의 처절한 외침에도 불구하고 12월 28일, 미국과 영국 그리고 소련의 외무 장관이 참석한 모스크바 3상 회의에서는 '한국은 아직 독립할 능력이 없으니 자립할 수 있을 때까지 미국, 영국, 소련, 중국이 5년 동안 대신 통치한다.'라는 신탁 통치안이 발표됐다.

일본만 물러가면 자유를 누릴 수 있을 거라고 믿었던 국민들은 날벼락을 맞은 듯 충격에 휩싸였다. 막 일제의 지배에서 벗어난 우리 국민들에게 신탁 통치는 또 한 번의 식민 지배나 다름없었다.

"이 나라에 신탁 통치란 있을 수 없다! 수십 년 동안 온갖 고초를 겪으며 독립운동을 한 것은 우리나라의 자주독립을 위한 것이지 다른 나라의 지배를 받기 위함이 아니다!"

김구는 즉시 신탁 통치에 반대하며 '제2의 독립운동'을 선언했다.

"신탁 통치 결사반대! 미군은 물러가라!"

"신탁 통치 결사반대! 소련군은 물러가라!"

"삼천만 동포여, 죽음으로 독립을 쟁취하자!"

신탁 통치 반대 운동은 전국으로 들불처럼 번져 나갔다. 그런데 느닷없이 소련을 따르는 공산주의 계열 인사들이 '신탁 통치 찬성'을 주장하는 게 아닌가. 이윽고 좌익은 찬탁(*신탁 통치를 찬성함.)-반미국 운동으로, 우익은 반탁-반소련 운동으로 갈라졌고 두 세력은 날마다 시위하며 충돌했다.

어느덧 해가 바뀌었지만 나라 안 정세는 여전히 어지러웠다. 미국과 소련은 첨예하게 대치하며 각자의 잇속만 채우려 들었다. 미국은 이승만을, 소련은 김일성을 앞세워 반쪽짜리 정부를 세울 계획을 꾸미고 있었던 것이다. 1946년 6월, 이승만이 먼저 남한만이라도 단독 정부를 세우자고 주장했다.

"단독 정부는 안 되오! 지금 남한이 단독으로 나라를 세우면 북한도 나라를 세울 테고 우리나라는 영원히 두 동강이 날 것이오. 통일 정부만이 우리 민족이 나아갈 길이외다."

김구는 펄쩍 뛰었다. 남과 북이 각각 정부를 세우면 결국에는 같은 민족끼리 피를 보게 될 게 뻔했다. 김구는 나라 곳곳을 누비며 단독 정부 반대를 부르짖었으나 남과 북, 좌익과 우익 사이에는 점점 더 깊은 골이 생겼다.

어수선한 나라 안 상황에도 불구하고 김구는 마음속 깊이 자리 잡았던 숙제 하나를 풀 수 있었다. 독립운동에 목숨을 바친 애국지사들의 유해를 고국으로 모셔 온 것이다. 김구는 이봉창, 윤봉길, 백정기, 이동녕, 차리석을 효창원에 정중히 안장했다.

'동지들이여, 이곳에서 편히 쉬시오. 그대들은 꽃처럼 아름답게 떠났는데 나는 홀로 남아 부끄러이 살고 있소. 그대들이 되찾으려고 했던 이 나라가 또다시 크나큰 소용돌이에 휘말렸소. 한 민족이 남과 북으로, 좌우로 갈리어 싸우니 어찌하면 좋겠소?'

김구는 깊이 고개를 숙였다. 그의 얼굴에 눈물이 흘렀다. 1948년, 미국과 이승만은 남한에 단독 정부를 세우려고 준비했다. 북쪽에서도 그들만의 정부를 세우기 위해 움직였다. 이대로라면 삼팔선은 영원히 분단선으로 남을 상황이었다. 김구는 〈삼천만 동포에게 읍고함〉이라는 성명을 내어 국민들에게 호소했다.

통일하면 살고 분열하면 죽는다는 것은 고금의 철칙인데, 자신들의 세력을 위하여 민족을 분단시키려는 것은 온 민족을 죽음의 구렁텅이에 빠뜨리는 극악무도한 짓이다!

한국이 있고서야 한국 사람이 있고 한국 사람이 있고서야 민주주의도 공산주의도 있는 것이다. 우리의 자주적인 통일 정부를 수립하려는 이때, 어찌 개인이나 집단의 사사로운 욕심을 탐하여 국가와 민족의 백년대계를 그르칠 자가 있으랴?

마음속의 삼팔선이 무너지고서야 땅 위의 삼팔선도 없앨 수 있다. 삼천만 동포 자매 형제여! 지금 내

하나뿐인 소원은 삼천만 동포와 손잡고 통일 정부를 세우는 것이다. 조국이 원한다면 나는 당장에라도 이 한 목숨을 통일 제단에 바치겠노라. 나는 통일된 조국을 세우려다가 삼팔선을 베고 쓰러질지언정, 내 한 몸 편안히 살기 위해 단독 정부를 세우는 데에는 협력하지 않겠노라.

이어서 김구는 북한의 공산주의자들에게도 협상을 제의했다.

우리가 독립운동을 했던 것은 통일된 나라를 만들기 위해서였지 허리가 끊어진 조국을 보기 위함이 아니었잖소. 우리 만나 무릎을 맞대고 이야기합시다.

김구의 호소에 북한의 김일성과 김두봉이 평양에서 만나자는 답장을 보내왔다. 이 소식이 알려지자 많은 사람들이 공산주의자와 협상해선 안 된다며 김구를 막았다. 어떤 이들은 김구의 목숨이 위험할 거라며 걱정했고, 또 어떤

이들은 김구가 공산주의자라고 모략했다. 세상 돌아가는 이치를 모른다며 김구를 비웃는 사람도 있었다. 우익 청년들은 김구가 머물고 있는 경교장을 에워쌌다.

"선생님, 못 가십니다. 가시면 안 됩니다!"

"남과 북이 맞서고 있는데 공산주의자들과 협상하겠다니요? 절대로 안 됩니다."

우익 청년들의 아우성에 김구는 경교장 이 층 베란다로 나갔다.

"통일을 위해서라면 나는 공산주의자뿐 아니라 그 누구든 만나겠소. 가서 그들을 설득하겠소. 단독 정부를 세우는 것은 절대로 안 되오. 지금 남과 북으로 갈라지면 이 땅은 영원히 둘로 나뉠 것이고 남북은 서로에게 총부리를 겨누며 피를 흘릴 것이오. 허리가 끊긴 조국, 피 흘리는 조국을 보려고 우리가 독립운동을 한 게 아니란 말이오. 우리의 살길은 오직 자주독립, 한길뿐이오!"

진심 어린 김구의 목소리에 청년들은 그 누구도 나서지 못했다. 김구는 집무실로 돌아와 붓을 들었다.

눈 덮인 들판을 함부로 걷지 마라.
오늘 내 발자국이 뒷사람의 이정표가 되리니.

결국 김구는 1948년 4월 19일, 삼팔선을 넘었다. 그는 평양에서 김일성과 북쪽 지도자들을 설득했다. 그러나 그들은 김구의 간곡한 회유에도 불구하고 통일 정부 구성에 찬성하지 않았다. 김구는 실망한 채 남쪽으로 돌아왔고 이번에는 남쪽 지도자들을 설득했다. 하지만 그들 역시 권력을 잡는 데만 혈안이 되어 민족의 내일을 생각하지 못했다.

마침내 남한에서 단독으로 총선거가 실시되었고 8월 15일 대한민국 정부가 세워졌다. 그 뒤 9월 9일에는 북쪽에서도 조선민주주의인민공화국 정부가 탄생했다. 이로써 한반도에는 두 개의 나라가 들어섰다. 우리 손으로 통일 정부를 세우지 못한 채 외국 세력이 갈라놓은 그대로 두 동강이 난 것이다.

'아, 우리 민족의 미래는 어찌 될 것인가? 머지않아 서로 총부리를 겨눌 날이 올 텐데……'

김구의 마음은 막막하고 절망적이었다. 그래도 그는 포기하지 않고 통일을 위해 쉼 없이 일했다. 특히 백범 학원과 창암 학원을 세워 교육 사업에 힘썼다.

1949년 6월 26일, 한가로운 일요일이었다. 점심 무렵, 김구는 경교장 이 층에서 읽던 책을 덮고 붓글씨를 쓰기 시작했다.

생각함에 사악함이 없도록 하라.
홀로 있을 때에도 도리에 어그러짐이 없도록 삼가라.

그것은 장차 이 나라의 기둥이 될 어린이와 학생들에게 선물할 글귀였다. 그때 육군 소위 안두희가 찾아왔다. 김구는 예전에 만난 적이 있던 그를 별다른 경계심 없이 맞이했다. 그런데 그가 느닷없이 총을 겨누는 게 아닌가.

탕, 탕, 탕, 탕!

경교장에 네 발의 총성이 울렸다. 한평생 민족의 자주

독립과 겨레의 통일을 위해 몸 바쳤던 조선의 버팀목 김구가 쓰러졌다. 깨진 유리창으로 초여름 햇살이 서럽고 원통하게 쏟아졌다.

 가장 낮은 사람, 가장 평범한 사람들과 더불어 온전한 내 나라 내 땅에서 살기를 원했던 백범. 단 하나의 아름다운 조국을 만들기 위해 온몸을 불태웠던 그는 길고 고단한 독립운동의 여정을 마치고 영원한 휴식처로 떠났다. 그의 나이 일흔넷이었다.

역사인물 돋보기

김구 (1876~1949)

대한민국 임시 정부의 수장 김구는
어떤 시대에 살았으며 그와 함께 싸운
독립투사들은 누구였을까?
조국을 되찾기 위해 일생을 바친
김구의 삶을 좀 더 구석구석 살펴보자!

1. 김구는 어떤 시대에 살았을까?

조선을 뒤흔든 동학 농민 운동

1860년 경주에 살던 최제우는 '동학'이라는 민족 종교를 만들었습니다. '사람이 곧 하늘' 이라는 구호를 중심으로 온 백성의 평등을 주장한 동학은 점차 사회 개혁 운동으로 변모했고, 1894년에는 전봉준을 중심으로 동학 농민 운동이 일어났습니다. 김구 역시 청년 시절 동학에 매료되어 열아홉 살에 동학 농민 운동의 주역으로 활약했습니다.

동학군의 지도자 전봉준이 체포되는 모습

을사조약으로 빼앗긴 조국

1905년 을사년에 러일 전쟁에서 승리한 일본이 대한 제국의 외교권을 박탈하기 위해 강제로 체결한 조약으로, '을사늑약'이라고도 합니다. 이 조약으로 조선의 모든 외교 활동은 일본의 손을 거치게 되었고, 국권 침탈의 큰 빌미를 제공했습니다. 이후 사람들은 날씨가 좋지 않거나 마음이 불편할 때마다 '을씨년(을사년)스럽다.'라는 표현을 쓰게 되었습니다.

해방 그리고 분단

1945년 제2차 세계 대전 중 연합군이 나가사키와 히로시마에 원자 폭탄을 떨어뜨리자 일본은 무조건 항복을 선언했습니다. 동시에 일제의 식민지 치하에 있던 조선은 해방을 맞게 되었습니다. 그러나 독

삼팔선 앞에 선 김구(가운데)

립의 기쁨도 잠시, 우리 민족은 미국과 러시아 등 외세의 간섭을 받아 남북, 좌우 진영으로 나뉘게 되었고 삼팔선을 경계로 남한과 북한 두 나라로 분단되고 말았습니다.

2. 쏙쏙! 키워드 지식 사전

상해 임시 정부

1919년 일제 강점기에 독립투사들이 중국 상해에 세운 대한민국 임시 정부로, 독립운동의 거점 역할을 했습니다. 상해에는 일본의 영향력이 비교적 덜 미쳤을 뿐 아니라 세계 각국의 공사관이 있어서 외교 활동을 펼치기 유리했습니다. 1927년 김구는 상해 임시 정부의 수장인 국무령이 되어 독립 운동의 선봉에 섰습니다.

백범일지

백범 김구의 자서전으로, 상·하편과 말미에 수록된 「나의 소원」으로 구성되어 있습니다. 김구가 임시 정부 시절 틈틈이 기록한 이 자서전은 그의 일생뿐 아니라 우리 나라의 독립 운동 과정이 세세하게 기록된 소중한 자료입니다. 1997년 6월 12일에 보물 제1245호로 지정되었습니다.

백범일지 원본

경교장

서울 종로구 강북삼성병원 내에 위치한 경교장은 1939년 지어진 건물로 김구가 1945년부터 1949년까지 임시 정부의 집무실 겸 숙소로 사용한 곳입니다 김구는 1949년 6월 26일, 경교장 2층에서 안두희의 총탄에 맞아 숨을 거두었습니다.

경교장에서 독서하는 김구

한인 애국단

일본 정부의 주요 인물들을 제거하기 위해 김구가 조직한 비밀 단체로 윤봉길, 이봉창 등이 단원으로 활약했습니다.

효창 공원

서울 용산구 효창동에 자리한 공원으로, 조선 정조의 맏아들인 문효 세자의 묘원이기도 합니다. 오늘날 효창 공원에는 한인 애국단원으로 목숨을 바친 윤봉길, 이봉창, 백정기 3의사와 김구, 그리고 임시 정부에서 활동한 이동녕, 차리석, 조성환의 유해가 안장되어 있습니다.

3. 나라를 위해 싸운 독립투사들

안중근(1879~1910)

1879년 황해도 해주에서 태어났습니다. 어려운 시절 김구를 도와준 안 진사의 아들입니다. 1904년 발생한 러일 전쟁을 목격한 뒤 민족적 위기감을 느꼈고, 이듬해 을사조약이 강제로 체결되자 나라를 구하기 위해 중국으로 건너갔습니다. 젊은 시절 삼흥 학교를 세워 독립을 위한 인재 양성에 힘썼으며, 1909년 10월 26일 하얼빈 역에서 국권 침탈의 원흉인 이토 히로부미를 권총으로 사살했습니다. 이듬해 3월 26일 중국 여순 형무소에서 형장의 이슬이 되었습니다.

이봉창(1900~1932)

1900년 서울에서 태어난 이봉창은 젊은 시절 일본인들에게 숱한 수난을 받으며 자랐습니다. 1930년 김구가 창설한 한인 애국단에 가입한 그는 1932년 1월 8일 일본 도쿄에서 궁성으로 돌아가던 일왕에게 수류탄을 던졌습니다. 비록 수류탄이 터지지  않아 거사에 실패했지만 그의 시도는 제국주의에 사로잡혀 있던 일본인들에게 큰 충격을 주었으며, 식민지가 되어 고통받던 세계인들에게 희망을 안겨 주었습니다. 이봉창은 1932년 10월 10일 일본 이치가야 형무소에서 생을 마감했습니다.

윤봉길(1908~1932)

 1908년 충남 예산에서 태어났습니다. 열아홉 살의 어린 나이에 농촌 계몽 운동에 뛰어들어 국민들을 위해 야학당을 열고 한글 교육과 민족의식 고취에 온 힘을 쏟은 그는 계몽 운동의 한계를 인식하고 중국으로 망명했습니다. 그곳에서 김구를 만나 한인 애

국단에 가입한 그는 1932년 4월 29일 홍구 공원에서 도시락 폭탄을 던져 일본의 주요 관리들을 제거했고, 1932년 12월 19일 일본 가나자와 형무소에서 눈을 감았습니다.

안창호(1878~1938)

1878년 평안남도 강서에서 태어났으며 열여섯 살 때 평양에서 일어난 청일 전쟁을 목격하고 민족 운동의 길을 걷게 되었습니다. 선교사 밀러에게 교육을 받으며 넓은 세계관을 갖게 된 그는 1902년 미국으로 건너가 한인 공동체를 이끌었고 신민회와 흥사단을 만들어 독립 운동에 힘썼습니다. 1919년 상해 임시 정부에 합류한 안창호는 1932년 윤봉길의 홍구 공원 폭탄 사건으로 일본 경찰에 체포되어 옥고를 치렀습니다. 그는 오랜 투옥 생활로 병을 얻어 1938년 3월 10일 세상을 떠났습니다.

4. 한눈에 보는 김구의 발자취

1876년 황해도 해주에서 김순영의 아들로 태어났습니다.

1892년 과거에 응시하려다 되돌아왔습니다.

1896년 치하포에서 일본인 쓰치다를 죽였습니다.

1898년 탈옥 후 전국을 떠돌다가 마곡사의 중이 되었습니다.

1905년 을사조약이 체결되자 이준, 이동녕과 함께 구국 운동에 나섰습니다.

1919년 3·1 운동 직후 상해로 망명하여 임시 정부 초대 경무국장이 되었습니다.

1927년 임시 정부의 수장인 국무령에 취임하였습니다.

1931년 한인 애국단을 조직, 독립투사를 양성하였습니다.

1945년 일본의 패전으로 해방을 맞았습니다.

1948년 남북 협상에 참여하기위해 평양에 갔습니다.

1949년 경교장에서 안두희의 흉탄에 맞아 숨을 거두었습니다.

〈역사를 바꾼 인물들〉 시리즈, 더 읽어 보세요!

역사를 바꾼 인물들 1
이순신, 거북선으로 나라를 구하다
23전 23승, 불패 신화를 이룬 성웅 이순신의 일생
- 이순신의 어린 시절과 류성룡과의 우정, 꿈을 위해 정진하는 모습을 통해 인간적인 영웅 이순신을 만날 수 있다. -〈독서신문〉
- 이순신의 전 생애뿐만 아니라 역사적 사건인 임진왜란을 실감나게 그려 내어 머리가 아닌 마음으로 역사를 배우도록 했다. -〈문화일보〉

역사를 바꾼 인물들 3
루이 브라이, 손끝으로 세상을 읽다
눈먼 사람들에게 지식의 문을 열어 준 루이 브라이 이야기
- 온갖 어려움 속에서도 희망과 용기를 잃지 않은 브라이의 삶은 우리에게 진한 감동을 선사한다. -〈세계일보〉
- 루이 브라이의 일생을 다룬 책으로, 시대적 배경 설명과 키워드 지식 사전, 연보 등을 실어 아이들의 이해를 돕는다. -〈연합뉴스〉

박지숙 충남 태안에서 태어났으며 대학에서 문예창작을 공부했습니다. 2003년 중편동화 「김홍도, 무동을 그리다」로 제1회 푸른문학상 〈새로운 작가상〉을 수상하며 작품 활동을 시작했습니다. 지은 책으로 『김홍도, 조선을 그리다』, 『빈센트 반 고흐』, 『우리나라 역사, 첫 번째 이야기』, 『한옥, 몸과 마음을 살리는 집』, 『이순신, 거북선으로 나라를 구하다』, 『김구, 통일 조국을 소원하다』 등이 있고, 엮은 책으로 『어린이와 청소년을 위한 백범일지』, 『어린이와 청소년을 위한 난중일기』 등이 있습니다.

원유미 1968년 서울에서 태어나 서울대학교에서 산업디자인을 공부했습니다. 초등학교 〈국어〉 교과서에 실린 동화 「우리는 한편이야」의 그림을 그렸으며, 그린 책으로 『나와 조금 다를 뿐이야』, 『쓸 만한 아이』, 『사람이 아름답다』, 『이젠 비밀이 아니야』, 『동생 잃어버린 날』, 『루이 브라이, 손끝으로 세상을 읽다』, 『김구, 통일 조국을 소원하다』 등이 있습니다.